CONVERSATIONAL GERMAN DIALOGUES

Over 100 German Conversations
and Short Stories

Conversational German Dual
Language Books Vol.1

Lingo Mastery
www.LingoMastery.com

ISBN: 9781096182290

Copyright © 2019 by Lingo Mastery

ALL RIGHTS RESERVED

No part of this book may be reproduced, stored in a retrieval system, or transmitted in any form or by any means, electronic, mechanical, photocopying, recording, scanning, or otherwise, without the prior written permission of the publisher.

Free Book Reveals The 6 Step Blueprint That Took Students **From Language Learners To Fluent In 3 Months**

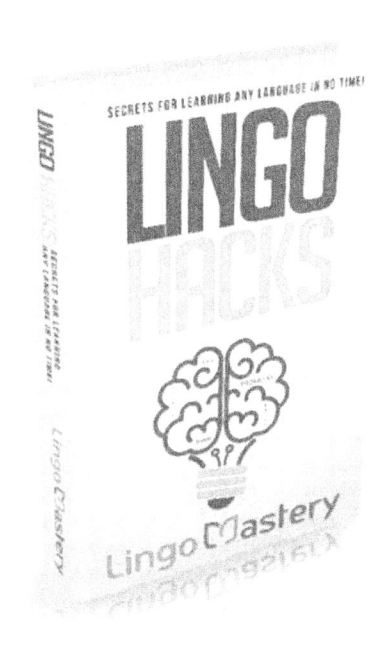

- **6 Unbelievable Hacks** that will accelerate your learning curve
- **Mind Training:** why memorizing vocabulary is easy
- **One Hack To Rule Them All:** This secret nugget will blow you away...

Head over to **LingoMastery.com/hacks**
and claim your free book now!

CONTENTS

Introduction 1
1 Geburtstagsgeschenk - Birthday Present 3
2 Der Bioladen - The Organic Shop 5
3 Im Café - At the Café 7
4 Beim Postamt - At the Post Office 9
5 Fahrkartenautomat - Ticket Machine 11
6 Urlaub buchen – Booking a Vacation 13
7 Hotelbeschwerden - Hotel Complaints 15
8 Im Freizeitpark - At the Amusement Park 17
9 Ein Boot mieten - Renting a Boat 19
10 Handyvertrag – Mobile Phone Contract 21
11 Kaputtes Handy - Broken Phone 24
12 Date - Date 26
13 Kurztrip - Short Trip 28
14 Ausbildung finden – Looking for an Education 30
15 Vorstellungsgespräch - The Interview 32
16 Familienfeier - Family Celebration 35
17 Motorradführerschein - Motorcycle License 37
18 Skitrip - Ski Trip 40
19 Sofa kaufen - Buying a Couch 43
20 Wohnung suchen – Looking for an Apartment 45
21 Job suchen - Looking for a job 47
22 An der Kasse - At the Cashier 49
23 In der Notaufnahme – In the Emergency Room 51
24 Elternsprechtag – Parent Teacher Conference 53
25 Mülltrennung - Garbage Separation 55
26 Haus umbauen - Reconstructing the House 57

27	Auf dem Sportplatz - On the Sports Ground	60
28	Fahrraddiebstahl - Stolen Bike	63
29	Kostümparty - Costume Party	65
30	Kleidertauschparty - Clothes Exchange Party	67
31	Austauschschüler - Exchange Student	69
32	TV Programme - TV Programs	71
33	Was ist dein Hobby? - What's Your Hobby?	73
34	Spielplatz - Playground	75
35	Beim Einkaufen - At the Supermarket	77
36	Beim Arbeitsamt - At the Job Center	79
37	Im Fitnessstudio - At the Gym	81
38	Beim Friseur - At the Hairdresser	83
39	Flughafenkontrolle - Airport Control	85
40	Zugfahrkarte verloren - Lost Train Ticket	87
41	Wegbeschreibung - Directions	89
42	Taxi rufen - Calling a Cab	91
43	Katze entlaufen - Cat Ran Away	93
44	Weggehen - Going Out	95
45	Im Krankenhaus - At the Hospital	97
46	Snowboardfahren - Snowboarding	99
47	Klimaerwärmung - Climate Change	101
48	Geldbeutel verloren - Lost Wallet	103
49	Fertigmachen - Getting Ready	105
50	Hosen kaufen - Buying Pants	107
51	Strandaktivität - Beach Activity	109
52	Auto kaufen - Buying a Car	111
53	Möbel umstellen - Rearranging Furniture	113
54	Im Zoo - At the Zoo	116
55	Beim Arzt - At the Doctor's Office	119
56	Die Diät - The Diet	121

57	Baby bekommen - Having a Baby	123
58	Kuchenzutaten - Cake Ingredients	125
59	Faschingsball - Carnival Ball	128
60	Schwimmen - Swimming	130
61	Neuer Job - New Job	132
62	Im Waschsalon - At the Laundry Mat	134
63	Apotheke - Pharmacy	136
64	Ladekabel - Charging Cable	138
65	Ängste - Fears	140
66	Party organisieren - Organizing a Party	143
67	Notruf - Emergency Call	145
68	Weltreise – Trip Around The World	148
69	Allergien - Allergies	151
70	Wenn ich Millionär wäre - If I Was a Millionaire	153
71	Campingausflug - Camping Trip	155
72	Lieblingsessen - Favorite Food	157
73	Elektriker - Electrician	159
74	Kunst - Art	162
75	Nachbarn - Neighbors	164
76	Tiere in Australien - Animals in Australia	166
77	Traditionen - Traditions	168
78	Alte Freunde - Old Friends	170
79	Anzeige erstatten - Filing a Complaint	173
80	Eine Wette - A Bet	177
81	Willst du mit mir ausgehen? - Do You Want To Go Out With Me?	180
82	Einkaufsliste - Grocery List	183
83	Steuern - Taxes	186
84	Wäsche - Laundry	188
85	Komische Erlebnisse - Strange Experiences	190
86	Entschuldigung - I'm Sorry	193

87 Schlimme Nachbarin - Bad Neighbor 196
88 Lieblingsbücher - Favorite Books 198
89 Essen bestellen - Ordering Food 200
90 Fahrzeugkontrolle - Vehicle Inspection 202
91 Entscheidung - Decision 205
92 Die neue Chefin - The New Boss 207
93 Eis kaufen - Buying Ice-cream 209
94 Hundesitter - Dog Sitter 212
95 Beziehungsende - End of Relationship 214
96 Neue Wohnung - New Apartment 217
97 Entlassen - Dismissal 219
98 Flyer verteilen - Handing Out Flyers 221
99 Transportmöglichkeiten - Transport Options 224
100 Was soll ich studieren? - What Should I Study? 227
101 Gesunder Lebensstil - Healthy Lifestyle 229
102 Babysitten - Babysitting 232
103 Lebensziele - Life Goals 235
104 Der neue Welpe - The New Puppy 238
105 Enttäuschung - Disappointment 240
Conclusion 242

INTRODUCTION

So you want to learn German? Excellent — if you've purchased this book then you're already well on your way to doing so. German is spoken by over 200 million people across the world; it is a language that has spread across almost every continent and which opens the doors to new and interesting worlds once you learn to speak it.

Since we are born, our life is constantly about picking up small and large things and learning to identify what works for us and what doesn't; knowing what we can improve with and what makes us worse; and finally, studying where we made the wrong choices and learning lessons from them.

Learning a language is no different.

Some students choose — or are provided with — the wrong means of study, with professors giving them boring textbooks full of rules they'll never learn or need in a real-world situation; while others may overwhelm them with reading material that only serves to make them feel uncomfortable and doubtful of their own skills and level as a German learner.

Our goal with this book is to allow you, the reader, to encounter useful, entertaining conversations that adapt very well into dozens of real-life situations that you can and certainly *will* encounter in the German-speaking world, giving you a chance to fend for yourself when you come across them!

Vocabulary is crucial to learning *any* new language, and the conversations in this book will make sure you pick up plenty of it and watch how it is applied to real life.

What this book is about and how it works:

This book will ensure you practice your conversational skills in German through the use of **over 100 examples of conversations,** written in both German *and* English to allow you to fully understand what's going on in each and every one of them.

Each new chapter is an entirely new, fresh conversation between two people of an everyday situation you may tackle sooner or later. You'll be able to observe how to handle yourself when it comes to booking a room at a hotel, asking for directions on the street, meeting an old classmate by chance and ordering food at a restaurant, among many others.

If you want to ensure proper understanding of the story, we

recommend you read the story in both languages and follow the narrative in a way that gives you the chance to cross-reference what's going on in German by checking out the story in clear, concise English.

So, now you know what it is the book will provide you...what are the best ways to use it?

Tips and recommendations for readers of *Conversational German Dialogues:*

This book is certainly easy to pick up and use as many times as you need to, but there are effective ways of applying it to your learning that will get the most out of it. Remember, being effective will not only increase the amount you learn but also decrease the time you need to spend on doing so!

So what should you do to improve your learning with *Conversational German Dialogues?* Well, you can always:

1. Roleplay these conversations, whether it's alone or with a friend — Pretending to actually call a taxi with a friend may actually do much more for your knowledge of German than any lesson will. This book provides you with plenty of material so go ahead and act! Your pronunciation, fluency and confidence will all benefit from it!

2. Look up the words you don't understand — there will always be vocabulary and specific terms you may not get and which aren't translated exactly word-for-word (for our purposes of making the conversation realistic in both languages), so you may need a dictionary. Don't feel upset or ashamed of jotting down those words you don't understand for a quick search on the internet later on!

3. Make your own conversations! — Once you're done with this book, pick any conversation from the *hundred and five* examples you have and adapt it to your own version. Why not make it so that the receptionist of the hotel *didn't* have rooms? Or maybe the friends meeting each other *weren't* so friendly, eh? Find something you like and create something new!

4. Don't be afraid to look for more conversations once you've finished reading and practicing with this book — Only through practice can you reach perfection, or at least as closest as you can get to it!

1

GEBURTSTAGSGESCHENK - BIRTHDAY PRESENT

Manja: Weißt du, dass morgen Ninas Geburtstag ist?

Tim: Ja, wieso?

Manja: Naja, ich dachte, du hast vergessen, ihr ein Geschenk zu kaufen, so wie letztes Jahr.

Tim: Nein, diesmal habe ich ihren Geburtstag in meinen Kalender eingetragen, damit ich ihn nicht vergesse.

Manja: Gut, also was schenkst du ihr?

Tim: Einen Kinogutschein. Sie hat mir erzählt, dass sie gerne mal wieder einen Film anschauen würde. Was hast du denn für sie?

Manja: Noch nichts. Ich will morgen etwas kaufen gehen. Aber ich weiß nicht was. Ich habe schon Ninas Mutter gefragt, aber die weiß auch nichts.

Tim: Wie wäre es mit einem Gutschein? Dann kann sie sich selbst etwas aussuchen.

Manja: Aber bei einem Gutschein weiß Nina gleich, dass mir nichts eingefallen ist. Vielleicht kaufe ich ihr ein Duschgel.

Tim: Ein Duschgel ist ein langweiliges Geschenk. Vielleicht könnt ihr zusammen etwas unternehmen?

Manja: Was zum Beispiel?

Tim: Du könntest ihr einen Gutschein für den Zoo oder den Freizeitpark schenken. Da könnt ihr zusammen hingehen.

Manja: Das ist keine so schlechte Idee. Ich glaube, so mache ich es. Wer backt eigentlich den Kuchen?

Tim: Ich habe keine Ahnung. Vielleicht Ninas Mutter. Aber wir beide können auch einen für sie machen.

Manja: Super, dann können wir gleich einmal die Zutaten kaufen gehen.

BIRTHDAY PRESENT

Manja: Do you know that tomorrow is Nina's birthday?

Tim: Yes, why?

Manja: Well, I thought you forgot to buy her a present, just like last year.

Tim: No, this time I put her birthday in my calendar so I wouldn't forget.

Manja: Good, so what are you giving her?

Tim: A cinema voucher. She told me that she would like to watch another movie. What do you have for her?

Manja: Nothing yet. I want to go and buy something tomorrow. But I don't know what. I already asked Nina's mother, but she doesn't know anything either.

Tim: How about a voucher? Then she can choose something for herself.

Manja: But with a voucher Nina knows right away that I didn't think of anything. Maybe I'll buy her a shower gel.

Tim: A shower gel is a boring gift. Maybe you can do something together?

Manja: Like what?

Tim: You could gift her a visit to the zoo or the amusement park. You can go there together.

Manja: That's not such a bad idea. I think that's what I'll do. Anyway, who is baking the cake?

Tim: I have no idea. Maybe Nina's mother. But we both can make one for her.

Manja: Great, then we can go and buy the ingredients right away.

2

DER BIOLADEN - THE ORGANIC SHOP

Mia: So, da sind wir. Das ist der Bioladen.

Jan: Er ist größer, als ich dachte. Ich wette, hier ist alles doppelt so teuer.

Mia: Nein, meine Mutter war schon einmal hier. Sie hat gesagt, die Preise sind in Ordnung, und das Essen ist viel besser.

Jan: Warum sollte es besser sein?

Mia: Weil es von Bauernhöfen aus der Region kommt, nicht aus weit entfernten Ländern.

Jan: Oh, gut. Schau mal, Schokolade! Die kommt aber sicher nicht von hier.

Mia: Wieso nicht?

Jan: Hier gibt es keine Kakaopflanzen. Also ist doch nicht alles aus der Region!

Mia: Dann habe ich mich wohl getäuscht. Naja, trotzdem schmecken die Sachen besser.

Jan: Hier gibt es sogar Bananen. Also, ich habe noch nie einen Bananenbaum in Deutschland gesehen, du etwa?

Mia: Nein, habe ich nicht. Wie gesagt, da habe ich wohl etwas verwechselt.

THE ORGANIC SHOP

Mia: Here we are. That's the organic shop.

Jan: It's bigger than I thought. I bet everything is twice as much money here.

Mia: No, my mum has been here before. She said the prices are okay, and the food is much better.

Jan: Why would it be better?

Mia: Because it's from farms from this region, not from far away countries.

Jan: Oh, good. Look, chocolate! But that sure is not from here.

Mia: Why not?

Jan: There are no cocoa plants here. So not everything is from here!

Mia: Then I appear to have fooled myself. Well, the things still taste better.

Jan: There are even bananas here. I've never seen a banana tree in Germany, have you?

Mia: No, I have not. As I've said, I apparently mixed something up there.

3

IM CAFÉ - AT THE CAFÉ

Johannes: Hallo und willkommen. Hier ist Ihre Karte. Wissen Sie schon, was Sie trinken wollen?

Lena: Nein, was können Sie mir denn empfehlen?

Johannes: Am besten ist bei uns der hauseigene Rotwein.

Lena: Oh, dann nehme ich davon ein kleines Glas.

Johannes: Sehr gerne.

Lena: In der Karte steht, dass Sie auch frisch gepresste Säfte anbieten, stimmt das?

Johannes: Ja, ein Saft kostet bei uns 4 Euro für 300ml.

Lena: Dann nehme ich davon auch ein Glas. Gibt es bei euch auch Kuchen oder Desserts?

Johannes: Ja, wir haben jeden Tag frisch gebackenen Kuchen. Die stehen alle auf der Karte. Haben Sie sich schon für einen entschieden?

Lena: Ich nehme den Käsekuchen.

Johannes: Gute Wahl. Wollen Sie noch einen Espresso dazu?

Lena: Nein, danke. Ich trinke so spät am Nachmittag keinen Kaffee mehr.

Johannes: Es ist doch nie zu spät für einen Kaffee.

Lena: Da haben Sie wohl recht. Trotzdem nehme ich keinen. Wo finde ich denn die Toilette?

Johannes: Einfach geradeaus und dann links. Auf der Türe steht ‚WC'.

Lena: Vielen Dank.

AT THE CAFÉ

Johannes: Hello and welcome. here is your menu. Do you know what you want to drink yet?

Lena: No, what can you recommend?

Johannes: The best is the in-house red wine.

Lena: Oh, then I'll take a small glass of that.

Johannes: Very well.

Lena: It says on the menu that you have freshly pressed juices here, is that true?

Johannes: Yes, one glass of juice is 4 euros for 300ml.

Lena: Then I'll take a glass of that too. Do you have any cakes or desserts here?

Johannes: Yes, we have freshly baked cake every day. They are all listed on the menu. Have you decided on one yet?

Lena: I'll take the cheesecake.

Johannes: Good choice. Would you like an espresso with that?

Lena: No, thanks. I don't drink coffee this late in the afternoon.

Johannes: It's never too late for a coffee.

Lena: You're right there. Still I won't take one. Where can I find the toilet?

Johannes: Just go straight and then left. On the door it says ‚WC'.

Lena: Thank you.

4

BEIM POSTAMT - AT THE POST OFFICE

Nora: Hallo, wie kann ich Ihnen behilflich sein?

Alex: Hallo, ich würde gerne dieses Paket verschicken.

Nora: Kein Problem. Geben Sie mir einfach das Paket, damit ich es wiegen kann.

Alex: Hier ist es. Wie schwer ist es denn und was kostet es?

Nora: Das Paket wiegt 2kg. Mit dieser Größe kostet das etwa 20 Euro.

Alex: Oh, das ist aber teuer. Gibt es da keine billigeren Optionen?

Nora: Nein, leider nicht.

Alex: Na gut, dann nehme ich das. Brauchen Sie noch was von mir?

Nora: Bitte tragen Sie noch den Absender und den Empfänger ein. Sonst wissen die Postboten nicht, bei wem sie das Paket abgeben müssen.

Alex: Okay, habe ich.

Nora: Wollen Sie noch eine Zusatzversicherung dazu buchen, falls das Paket verloren geht?

Alex: Wie viel würde das kosten?

Nora: Etwa 15 Euro bei Ihrem Paket.

Alex: Oh, nein danke. Ich vertraue da auf die Lieferanten. Die werden mein Paket schon nicht verlieren.

Nora: Es kann aber zum Beispiel sein, dass es ihnen aus Versehen runterfällt und der Inhalt kaputt geht. Haben Sie eine gute Polsterung in dem Paket?

Alex: Ja, ich habe extra eine gekauft.

Nora: Na dann wird schon nichts schiefgehen.

AT THE POST OFFICE

Nora: Hello, how can I help you?

Alex: Hello, I would like to send off this package.

Nora: No problem. Just give me the package so I can weigh it.

Alex: Here it is. How much does it weigh and what will that cost?

Nora: The package weighs 2kg. With this size it's about 20 euros.

Alex: Oh, that is expensive. Are there any cheaper options?

Nora: No, unfortunately not.

Alex: Well okay, then I'll take that one. Do you need anything else from me?

Nora: Please fill in the dispatcher and the addressee. Otherwise the mailmen won't know who to give the package to.

Alex: Okay, I did that.

Nora: Do you want to buy an additional insurance, in case your package is lost?

Alex: How much would that be?

Nora: With your package, about 15 euros.

Alex: Oh, no thanks. I'll trust the delivery man. They won't lose my package.

Nora: For example, it's possible that they drop it and the insides break. Do you have a good padding in the package?

Alex: Yes, I specifically bought one for this case.

Nora: Well, then I'm sure nothing will go wrong.

5

FAHRKARTENAUTOMAT - TICKET MACHINE

Svenja: Entschuldigung, können Sie mir helfen?

Max: Ja, gerne. Was haben Sie denn für ein Problem?

Svenja: Ich weiß nicht, wie ich eine Fahrkarte kaufen kann. Dieser Automat funktioniert nicht, glaube ich.

Max: Doch, ich habe meine Fahrkarte gerade vor 15 Minuten gekauft. Sie haben bestimmt nur etwas Falsches gedrückt.

Svenja: Ja. Auf dem Bildschirm zeigt es an, ich muss 10 Euro zahlen. Dabei fahre ich nur 3 Haltestellen.

Max: Das kann nicht sein, drei Haltestellen kosten nur 3 Euro.

Svenja: Zum Glück, so viel Geld habe ich nämlich gar nicht dabei. Können Sie mir die Karte auswählen?

Max: Ja, sicher. Die gleiche habe ich auch. Jetzt sehe ich den Fehler. Sie haben das Familienticket ausgewählt.

Svenja: Oh, das habe ich nicht gesehen.

Max: Sie müssen die Einzelfahrkarte auswählen. Für das Familienticket brauchen Sie mindestens 3 Personen.

Svenja: Okay, dann mache ich es so. Wo kann ich das Geld einwerfen?

Max: Leider können Sie an diesem Automaten nur mit Karte zahlen.

Svenja: Was? Jetzt habe ich aber keine Karte dabei. Kann ich bei dem Zugführer zahlen?

Max: Nein, leider nicht. Aber ich bezahle Ihnen die Karte, wenn Sie mir Ihre Handynummer geben.

Svenja: Das wäre sehr nett. Machen Sie so etwas öfter?

Max: Nein, aber Sie sind mir sympathisch.

TICKET MACHINE

Svenja: Excuse me, can you help me?

Max: Sure. What's the problem?

Svenja: I don't know how to buy a ticket. I think the machine doesn't work.

Max: Yes it does, I just bought my ticket 15 minutes ago. I'm sure you just pressed a wrong button.

Svenja: Yes. The screen says I have to pay 10 euros, but I only want to go three stops far.

Max: That's not possible. Three stops are only 3 euros.

Svenja: Luckily, because I didn't even bring that much money. Can you choose the ticket for me?

Max: Sure. I have the same one. I see the mistake. You chose the family ticket.

Svenja: Oh, I didn't see that.

Max: You have to choose the single ticket. For the family ticket you need at least 3 people.

Svenja: Okay, then I'll do it that way. Where can I put in the money?

Max: Sadly you can only pay with a credit card at this machine.

Svenja: What? I didn't bring a credit card. Can I pay the conductor?

Max: No, unfortunately not. But I'll pay the ticket for you, if you give me your phone number.

Svenja: That would be nice. Do you do something like that often?

Max: No, but you're very likable.

6

URLAUB BUCHEN – BOOKING A VACATION

Moritz: Hallo, ist da das Lavista Reisebüro?

Nadja: Ja, wie kann ich Ihnen behilflich sein?

Moritz: Ich würde gerne eine Reise für nächsten Dezember buchen.

Nadja: Sehr gerne. Wissen Sie schon, wo es hingehen soll?

Moritz: Noch nicht genau. Irgendwo, wo es mindestens 20 Grad hat. Ich hasse den Winter.

Nadja: Alles klar, da haben wir mehrere Optionen. Wie wäre es mit Südamerika, Afrika oder Thailand?

Moritz: Nach Thailand wollte ich schon länger einmal. Was haben Sie denn für Angebote?

Nadja: Für Dezember haben wir noch eine 2-wöchige Städtereise und einen Strandurlaub, der nur 5 Tage dauert.

Moritz: Ich würde den Strandurlaub bevorzugen. Was kostet der denn?

Nadja: Ein Reisender kostet 700 Euro. Hin- und Rückflug sind bereits enthalten.

Moritz. Hört sich gut an. Wie ist es mit dem Hotel?

Nadja: Das Hotel hat 4 Sterne und eine Halbpension. Das bedeutet, das Frühstück und der Zimmerservice sind enthalten. Um die anderen beiden Mahlzeiten müssen Sie sich selbst kümmern.

Moritz: Okay, kann ich eine Vollpension dazu buchen?

Nadja: Leider nein, das Hotel bietet nur Frühstück an. Dafür hat es aber einen Pool und liegt nur 5 Minuten vom Strand entfernt.

Moritz: Alles klar, dann nehme ich die Reise für zwei Personen.

BOOKING A VACATION

Moritz: Hello, am I speaking to the Lavista travel office?

Nadja: Yes, how can I help you?

Moritz: I would like to book a vacation for next December.

Nadja: Very well. Do you know where to?

Moritz: Not exactly yet. Somewhere, where it is at least 20 degrees. I hate the winter.

Nadja: Okay, then we have a few options. How about South America, Africa or Thailand?

Moritz: I've wanted to go to Thailand for a long time. What offers do you have?

Nadja: For December we have a two-week city trip and a beach vacation that's only 5 days.

Moritz: I prefer the beach vacation. How much is it?

Nadja: One traveler is 700 euros. The flights are included.

Moritz: Sounds good. What about the hotel?

Nadja: The hotel has 4 stars and half board. This means breakfast and room service are included. All the other meals you have to arrange yourself.

Moritz: Okay, can I book the full board in addition?

Nadja: Unfortunately not, the hotel only offers breakfast. But it has a pool and is only 5 minutes away from the beach.

Moritz: Okay, then I'll take the vacation for two people.

7

HOTELBESCHWERDEN - HOTEL COMPLAINTS

Moritz: Soll ich mal bei der Rezeption anrufen, und nach dem WLAN fragen?

Linda: Ja, bitte. Und frag bitte, ob der Bettüberzug gewechselt werden kann. Da ist ein Fleck.

Moritz: Okay, mache ich.

Linda: Und?

Moritz: Es geht niemand ans Telefon. Vorhin war ich auch schon unten, aber der Schalter ist nicht besetzt.

Linda: Ich habe auch gesehen, dass wir keine frischen Handtücher haben. Leider habe ich nur mein Strandtuch eingepackt.

Moritz: Okay, dann frage ich da auch noch nach. Aber irgendwie erreiche ich niemanden.

Linda: Also ich schlafe nicht in dem Bett. Wer weiß, was für ein Fleck das ist.

Moritz: Ich auch nicht. Kein Wunder, dass das Angebot so billig war.

Linda: Also, dass dieses Hotel 4 Sterne hat, glaube ich nicht.

Moritz: So hat es zumindest die Frau vom Reisebüro gesagt. Im Internet habe ich auch nur gute Bewertungen gelesen.

Linda: Vielleicht sind die Bewertungen von den Hotelangestellten.

Moritz: Kann sein. Aber vielleicht hat das Hotel auch einfach nur einen schlechten Tag. Vielleicht sollten wir einfach an den Strand gehen und später nochmal anrufen.

Linda: Besser wäre es, wenn das so schnell wie möglich geklärt ist. Abends will ich mich nicht mehr darum kümmern.

HOTEL COMPLAINTS

Moritz: Should I call the reception and ask for the Wi-Fi?

Linda: Yes, please. And please ask if the covers can be changed. There's a stain on it.

Moritz: Okay, I'll do that.

Linda: And?

Moritz: Nobody is picking up the phone. Earlier I was downstairs, but there was no one at the counter.

Linda: I also noticed that we don't have any fresh towels. Unfortunately I only packed my beach towel.

Moritz: Okay, then I'll ask about that too. But somehow I can't reach anyone.

Linda: Well, I'm not sleeping in that bed. Who knows what that stain is.

Moritz: Me neither. No wonder, the offer was this cheap.

Linda: I don't think this hotel actually has 4 stars.

Moritz: At least that's what the lady from the travel office said. I've only read good reviews on the internet.

Linda: Maybe the reviews are from the employees of the hotel.

Moritz: That's possible. But maybe the hotel is just having a bad day. Maybe we should just go to the beach and call again later.

Linda: It would be better if this was resolved as soon as possible. I don't want to take care of it in the evening.

8

IM FREIZEITPARK - AT THE AMUSEMENT PARK

Nina: Zahlst du den Eintritt?

Anton: Nein, ich dachte du hast Geld dabei.

Nina: Na gut, aber den Preis für eine Karte musst du mir dann wieder zurückgeben. 30 Euro pro Person sind wirklich teuer.

Anton: Mache ich. Mit welcher Attraktion willst du zuerst fahren?

Nina: Ich habe mir gedacht, dass wir erst einmal eine Zuckerwatte essen gehen.

Anton: Nein, davon wird mir immer so schnell schlecht. Wenn wir dann eine Achterbahn nehmen, muss ich mich vielleicht übergeben.

Nina: Du hast recht. Aber momentan ist wirklich viel los. Für eine Attraktion müssen wir mindestens eine halbe Stunde warten.

Anton: Das ist immer so. Dafür habe ich ja ein paar Snacks mitgebracht.

Nina: Na gut. Vergiss aber nicht, deine Tasche abzugeben. Die sind in der Achterbahn nicht erlaubt.

Anton: Ich weiß nicht. Vielleicht klaut mir jemand etwas.

Nina: Du hast doch sowieso kein Geld dabei.

Anton: Ja, aber meinen Ausweis und Führerschein.

Nina: Dann mieten wir uns eben einen Spind für die Tasche. So weit ich weiß, kostet der nur 20 Cent.

Anton: Okay, so machen wir es. Dann müssen wir uns aber jetzt schon anstellen, sonst warten wir nur noch länger.

Nina: Okay, ich sperre den Rucksack schon mal in den Spind, und du stellst dich an der Schlange an.

Anton: Super, bis gleich.

AT THE AMUSEMENT PARK

Nina: Are you paying the admission?

Anton: No, I thought you brought money.

Nina: Okay then, but you have to give me back the price of the ticket. 30 euros per person are really expensive.

Anton: I will. What ride do you want to go on first?

Nina: I thought we would go and eat some candy floss first.

Anton: No, I always get sick so quickly from it. If we then go on the ride, I might have to throw up.

Nina: You're right. But it's very busy at the moment. We'll have to wait at least half an hour for a ride.

Anton: It's always like this. That's what I brought the snacks for.

Nina: Okay then. But don't forget to drop off your bag. They're not allowed on the ride.

Anton: I don't know. Maybe someone will steal something from me.

Nina: You didn't bring any money anyway.

Anton: Yes, but my ID and drivers license.

Nina: Then we'll buy a locker for the bag. As far as I know it's only 20 cents.

Anton: Okay, we'll do that. We'll have to get in line then. Otherwise we'll wait even longer.

Nina: Okay, I'll go and put the bag in the locker. You go and wait in line already.

Anton: Great, see you in a bit.

9

EIN BOOT MIETEN - RENTING A BOAT

Moritz: Da sind wir. Sollen wir zuerst an den Strand oder gleich ein Boot mieten?

Linda: Lass und ein Boot mieten. Auf dem Meer können wir auch ins Wasser gehen.

Moritz: Also gut. Ein Tretboot kostet pro Stunde nur 10 Euro. Das wäre ganz schön billig. Ein kleines Schnellboot kostet schon 120 Euro pro Stunde. Ist dir das zu teuer?

Linda: Nein, wir haben ja schon bei dem Hotel gespart. Das Boot können wir uns schon leisten.

Moritz: Also gut. Der Benzinpreis kommt auch noch dazu. Das sind nochmal 50 Euro. Außerdem müssen wir immer eine Rettungsweste tragen.

Linda: Wieso das? Was ist, wenn wir schwimmen gehen?

Moritz: Dann auch. Bei einem Schnellboot dürfen wir nicht ohne Rettungsweste aufs Meer. Jemand aus dem Hotel hat mir erzählt, dass letztes Jahr jemand ertrunken ist.

Linda: Naja, dann nehmen wir vielleicht doch lieber das Tretboot. Ich will nicht, dass uns etwas passiert.

Moritz: Mit der Rettungsweste ist es ja nicht gefährlich.

Linda: Ich habe aber keine Lust, nur mit der Weste zu schwimmen. Nehmen wir einfach das Tretboot.

Moritz: Okay, warte hier. Ich gehe und buche uns eine Fahrt für zwei Stunden.

Linda: Alles klar, ich hole uns währenddessen ein Eis. Schoko oder Vanille?

Moritz: Vanille.

RENTING A BOAT

Moritz: Here we are. Should we rent the boat now or go to the beach first?

Linda: Let's rent the boat. We can go swimming in the sea too.

Moritz: Okay fine. A paddle boat is only 10 euros per hour. That would be really cheap. A small motorboat is already 120 euros per hour. Is that too expensive for you?

Linda: No, we've already saved money on the hotel. We can afford the boat.

Moritz: Fine. The gas is also adding to the price. That's another 50 euros. Besides, we always have to be wearing a safety vest.

Linda: Why? What if we want to go swimming?

Moritz: Even then. With a motorboat we are not allowed to go without a safety vest. Someone from the hotel told me that last year someone drowned.

Linda: Well, maybe we should rather take the paddleboat. I don't want something to happen to us.

Moritz: It's not dangerous with the safety vest.

Linda: I don't feel like going swimming with the vest. Let's just take the paddleboat.

Moritz: Okay, wait here. I'll go and book the ride for two hours.

Linda: Okay, then I'll get us some ice-cream in the meantime. Chocolate or vanilla?

Moritz: Vanilla.

10

HANDYVERTRAG – MOBILE PHONE CONTRACT

Leon: Hallo, spreche ich mit der GinSIM Verwaltung?

Anna: Ja, da sind Sie richtig. Wie kann ich helfen.

Leon: Ich würde gerne einen neuen Handy-Vertrag abschließen. Momentan bin ich bei einem anderen Anbieter, aber der ist mir zu teuer.

Anna: Das können wir gerne machen. Welchen Vertrag hätten Sie denn gerne?

Leon: Ich habe gehört, ihr habt momentan ein Angebot bei dem Internet und Telefonie nur 20 Euro im Monat kosten. Und das bei unbegrenztem Volumen.

Anna: Das ist richtig. Das gilt aber nur für die ersten 4 Monate. Danach kostet es 40 Euro im Monat.

Leon: Oh, das ist mir zu teuer. Gibt es da auch andere Angebote?

Anna: Ja, gibt es. Es gibt eine Flatrate mit 2GB Datenvolumen im Monat und unendlich vielen Freiminuten. Dieser Vertrag kostet nur 10,99 Euro im Monat. Wie wäre dieser?

Leon: Besser. Der Vertrag darf höchstens 14 Euro kosten. Meine Mutter bezahlt ihn für mich.

Anna: Okay. Das Internet ist zwar nicht unbegrenzt, aber notfalls können Sie noch etwas dazu buchen.

Leon: Okay, den nehme ich.

Anna: Gut, dann geben Sie mir bitte Ihre Daten.

Leon: Welche genau?

Anna: Adresse, Postleitzahl, Name, Vorname, E-Mail. Den Rest können Sie dann online ausfüllen.

Leon: Alles klar. Meine Adresse ist die Weilheimer Straße 15 in 86157

Augsburg. Mein Name ist Leon Aldinger. die E-Mail-Adresse LeanA@googlemail.com.

Anna: Super, habe ich eingetragen. Dann sende ich Ihnen den Rest per E-Mail zu.

Leon: Danke, tschüß.

Anna: Auf Wiederhören.

MOBILE PHONE CONTRACT

Leon: Hello, am I talking to the GinSIM administration?

Anna: Yes, you're in the right spot. How can I help?

Leon: I would like to make a new mobile phone contract. I'm with another provider at the moment but it's too expensive for me.

Anna: We can certainly do that. Which contract would you like to take?

Leon: I heard you have an offer where calls and internet cost only 20 euros a month, with unlimited data volume.

Anna: That's right. But that is only for the first 4 months. After that it's 40 euros a month.

Leon: Oh, that's too expensive for me. Do you have other offers?

Anna: Yes. There is a flat rate with 2GB of data volume and endless calls. It's only 10,99 a month. How about this one?

Leon: Better. The contract can cost 14 euros at most. My mother is paying for it.

Anna: Okay. The internet is not unlimited but in case of emergency you can book some additional data volume.

Leon: Okay, I'll take this one.

Anna: Good, then give me your data please.

Leon: What data exactly?

Anna: Address, postal code, name, surname, e-mail. The rest you can fill out online.

Leon: Alright. My address is Weilheimer Str. 15 in 86157 Augsburg. My name is Leon Aldinger. The e-mail address is Leon-A@gmail.com.

Anna: Great, I've registered that. I'll send you the rest to your e-mail.

Leon: Thanks, bye.

Anna: Goodbye!

11

KAPUTTES HANDY - BROKEN PHONE

Sina: Hallo, ich war letzte Woche schon einmal wegen meinem Handy da. Es ist kaputt.

Niklas: Hallo. Was ist denn das Problem?

Sina: Vor ein paar Monaten ist es mir heruntergefallen und hat seitdem ein kaputtes Display.

Niklas: Okay, also wollen Sie einfach das Glas austauschen lassen?

Sina: Nein, da ging das Handy ja noch. Das Problem ist, dass es seit ein paar Tagen einfach nicht mehr funktioniert. Ich habe es ausgeschaltet und seitdem geht es nicht mehr an.

Niklas: Sind Sie sicher, dass der Akku nicht einfach leer ist?

Sina: Ja, das Handy war zwei Tage am Stück am Kabel angesteckt. Und es ist trotzdem nicht aufgeladen.

Niklas: Vielleicht gibt es ein Problem mit dem Kabel?

Sina: Nein, das habe ich mir auch schon gedacht. Wir haben das Handy meiner Schwester angesteckt und dieses hat schon geladen. Mit dem Kabel ist alles in Ordnung.

Niklas: Okay, dann liegt der Fehler wirklich woanders. Lassen Sie das Handy doch einfach mal hier, dann schaue ich nach, was das Problem ist.

Sina: Okay, wann bekomme ich es dann zurück? Und wie viel kostet das?

Niklas: Ich rufe Sie in einer Woche an. Die Reparatur wird wahrscheinlich etwa 200 Euro kosten. Sie haben ja ein etwas neueres Modell.

Sina: Ja. Dann gebe ich Ihnen meine Telefonnummer.

Niklas: Super.

BROKEN PHONE

Sina: Hello, I've been here last week already for my phone. It's broken.

Niklas: Hello. What's the problem?

Sina: A few months ago I dropped it and since then the screen is broken.

Niklas: Okay, so you want the glass to be exchanged?

Sina: No, the phone was still working then. The problem is that it just hasn't been working anymore for a few days. I turned it off and since then it won't go on anymore.

Niklas: Are you sure that the battery isn't just dead?

Sina: Yes, the phone was plugged into the charger for two days. And it still didn't charge.

Niklas: Maybe there is a problem with the charger?

Sina: No, that's what I thought, too. We plugged my sister's phone in and hers worked. The charger is fine.

Niklas: Okay, then the fault really is somewhere else. Just leave your phone here so I can see what the problem is.

Sina: Okay, when will I get it back then? And how much is it?

Niklas: I'll call you in a week. The repair will probably cost around 200 euros. After all you have a newer model.

Sina: Yes. I'll give you my phone number then.

Niklas: Great.

12

DATE - DATE

Tim: Hallo Lena. Hier ist Tim. Ich wollte nochmal bei dir anrufen, weil wir ja letzte Woche gesagt haben, dass wir mal etwas zusammen unternehmen. Hast du noch Lust?

Lena: Hallo, Tim. Klar, das können wir gerne machen. Hast du dir schon etwas überlegt?

Tim: Ich habe mir gedacht, dass wir vielleicht etwas essen gehen können. Wir können uns aber auch einen Kinofilm anschauen.

Lena: Ja, das ist eine gute Idee. Momentan ist doch auch der Jahrmarkt, oder? Vielleicht können wir da hingehen?

Tim: Super Idee! Und danach noch ins Kino.

Lena: Kommt denn ein guter Film?

Tim: Ja, der neue mit Matthias Schweighöfer.

Lena: Das ist mein Lieblingsschauspieler. Ich freue mich schon.

Tim: Ich mich auch. Soll ich dich dann abholen oder fährst du mit dem Bus?

Lena: Es wäre super, wenn du mich abholen könntest.

Tim: Alles klar. Dann am Samstag um 17 Uhr?

Lena: Am Samstag habe ich leider keine Zeit, da feiert meine Tante Geburtstag.

Tim: Oh, na gut. Wie wäre es dann mit Sonntag?

Lena: Nein, leider auch nicht. Da mache ich schon etwas mit Sabrina.

Tim: Am Montag hätte ich noch Zeit.

Lena: Ich auch. Nur muss ich da am nächsten Tag arbeiten. Dann können wir eben nicht so lange weg bleiben.

Tim: Okay, dann machen wir es so. Montag um 17 Uhr.

Lena: Alles klar, bis dann.

Tim: Bis dann!

DATE

Tim: Hello, Lena. This is Tim. I just wanted to call again because last week we said we would do something together. Are you still up for that?

Lena: Hello, Tim. Sure, we can certainly do that. Do you have something in mind already?

Tim: I thought we could go out to eat. But we could also watch a movie.

Lena: Yes, that is a good idea. Isn't the county fair open at the moment? Maybe we can go there?

Tim: Great idea! And afterwards we can go to the movies.

Lena: Is there a good movie playing?

Tim: Yes, the new one with Matthew Schweighöfer.

Lena: That is my favorite actor. I'm looking forward to it.

Tim: Me too. Should I come pick you up or will you take the bus?

Lena: It would be great if you could come and pick me up.

Tim: Alright. Then at 5 p.m. on Saturday?

Lena: Unfortunately I don't have time on Saturday. My aunt is celebrating her birthday then.

Tim: Oh, alright then. What about Sunday then?

Lena: No, sadly not then too. I'm already doing something with Sabrina on that day.

Tim: On Monday I've got time too.

Lena: Me too. But I have to go to work the next day. We can't stay out that long.

Tim: Okay, let's do it then. Monday at 5 p.m.

Lena: Alright, until then.

Tim: See you!

13

KURZTRIP - SHORT TRIP

Hanna: Und, was machst du dieses Wochenende so?

Lea: Ich weiß es noch nicht, und du?

Hanna: Ich habe von meinem Chef am Montag frei bekommen. Das bedeutet, ich habe drei Tage Wochenende. Da muss ich ja irgendetwas machen.

Lea: Stimmt. Zum Glück habe ich immer Montags frei. Aber deswegen mache ich auch nicht mehr.

Hanna: Das trifft sich ja super! Lass uns etwas unternehmen.

Lea: Was denn?

Hanna: Irgendwas, was wir sonst nie machen. Vielleicht einen Kurztrip?

Lea: Einen Kurztrip? Meinst du mit dem Auto?

Hanna: Ja, wir könnten uns ein Hotel in einer anderen Stadt buchen und diese erkunden.

Lea: Hm, das hört sich gut an. Aber wir haben doch beide kein Auto.

Hanna: Ich kann das Auto meiner Mutter übers Wochenende leihen. Wie wäre es denn mit Köln? Da war ich noch nie.

Lea: Können wir machen. Oder Hamburg?

Hanna: Ich glaube, das ist ein bisschen zu weit weg. Da dauert die Fahrt mindestens 8 Stunden. Und wir haben ja schließlich nur 3 Tage.

Lea: Na gut, fahren wir nach Köln!

Hanna: Super! Lass uns schon mal im Internet nach einem Hotel suchen.

Lea: Ja, ich hoffe die Hotels in Köln sind nicht zu teuer.

SHORT TRIP

Hanna: And what are you doing this weekend?

Lea: I don't know yet, what about you?

Hanna: My boss gave me Monday off. That means I have a three day weekend. I'll have to do something.

Lea: That's right. Luckily I'm always off on Mondays. But that doesn't mean I'm more active.

Hanna: That's perfect! Let's do something together.

Lea: Like what?

Hanna: Something we never do. Maybe a short trip?

Lea: A short trip? Like with the car?

Hanna: Yes, we could stay in a hotel in another city and explore it.

Lea: Hm, sounds good. But we both don't have a car.

Hanna: I can borrow my mothers' car over the weekend. How about Cologne? I've never been there.

Lea: We could do that. Or Hamburg?

Hanna: I think that is a little too far from here. The drive will take at least 8 hours. And we only have three days in total.

Lea: Alright, let's go to Cologne!

Hanna: Great! Let's look for a hotel on the internet.

Lea: Yes, I hope the hotels in Cologne are not too expensive.

14

AUSBILDUNG FINDEN – LOOKING FOR AN EDUCATION

Jakob: Ich weiß einfach nicht, was ich nach der Schule machen soll. Weißt du schon was?

Georg: Nein, ich habe keine Ahnung. Meine Mutter zeigt mir jeden Tag 10 neue Ausbildungen.

Jakob: Wo suchst du gerade?

Georg: Ich schau hauptsächlich im Internet und schreibe mir dann eine Liste mit Jobs, die mir gefallen. Dann suche ich, ob es in der Umgebung eine Ausbildung auf diesem Gebiet gibt.

Jakob: So mache ich es auch. Was hast du dir bis jetzt ausgesucht?

Georg: Also ich finde Informatiker interessant. Aber als Kind wollte ich immer Polizist oder Feuerwehrmann werden. Wer weiß, vielleicht erfüllt sich dieser Traum ja noch. Was willst du machen?

Jakob: Ich glaube, ich mache eine Ausbildung zum Kaufmann. Ich habe mir aber auch überlegt, ob ich zur Bundeswehr gehe. Ich habe gehört, da verdient man viel.

Georg: Ja, das stimmt. Die haben auch verschiedene Fachgebiete. Naja, wenn es dir nicht gefällt, kannst du ja immer noch etwas anderes machen. Wir können uns meine Liste ja mal anschauen. Vielleicht gefällt dir davon auch etwas.

Jakob: Gute Idee. Ich brauche wirklich neue Ausbildungen. Bisher habe ich nur 5 Stück ausgesucht.

Georg: Langsam musst du dich beeilen. Wir müssen uns schon bald bewerben.

Jakob: Ich weiß. Ich bemühe mich.

LOOKING FOR AN EDUCATION

Jakob: I just don't know what to do after school. Do you know yet?

Georg: No, I have no idea. My mom shops me 10 new apprenticeships every day.

Jakob: Where are you looking right now?

Georg: I'm mainly looking on the Internet and then writing a list of all the jobs I like. Then I'll look for a free spot in that field in my area.

Jakob: That's exactly what I do. What have you chosen so far?

Georg: I think, computer science is very interesting. As a kid I always wanted to become a firefighter or a policeman. Who knows, maybe that dream will come true after all. What do you want to do?

Jakob: I think I'll get an education as a businessman. I've also been thinking about going to the military. I heard you earn a lot of money there.

Georg: Yes, that's true. They have a lot of different specializations. Well, if you don't like it, you can still do something else. We can look at my list if you want. Maybe there's something you would enjoy too.

Jakob: Good idea. I really need new careers. I've only selected 5 so far.

Georg: You'll have to hurry. We are supposed to apply soon.

Jakob: I know. I'm trying.

15

VORSTELLUNGSGESPRÄCH - THE INTERVIEW

Luis: Hallo, sind Sie für die Position als Manager hier?
Matthias: Ja, bin ich.
Luis: Haben Sie Ihre Bewerbungsunterlagen dabei?
Matthias: Ja, hier bitte.
Luis: Super. Haben Sie schon Erfahrung als Manager?
Matthias: Ja, ich war drei Jahre lang der Manager einer Lidl Filiale.
Luis: Warum haben Sie dort aufgehört?
Matthias: Ich wollte mich auf einem neuen Gebiet weiterbilden. Ich glaube, dass Ihr Betrieb dafür eine ausgezeichnete Möglichkeit ist.
Luis: Also haben Sie nicht vor länger zu bleiben?
Matthias: Doch, man kann sich ja auch an der gleichen Stelle weiterbilden.
Luis: Okay. Haben Sie einen Führerschein?
Matthias: Ja, den habe ich.
Luis: Gut, denn in der Position des Managers ist ein Firmenwagen ein Muss.
Matthias: Das ist kein Problem für mich.
Luis: Wie sieht es mit Ihren Sprachkenntnissen aus?
Matthias: In der Schule hatte ich zwar Französisch und Italienisch, aber davon habe ich kaum etwas behalten. Ich würde sagen, mein Sprachniveau in diesen beiden Sprachen ist etwa B1. Mein Englisch Sprachniveau ist mindestens C1. Deutsch ist natürlich meine Muttersprache.
Luis: Okay, super. Dann füllen Sie mal dieses Formular aus, damit wir ein Probearbeiten ausmachen können. Sie werden dort mit einigen anderen Bewerber zusammenarbeiten, damit wir sehen wie teamfähig Sie sind.

Matthias: Ich freue mich!

THE INTERVIEW

Luis: Hello, are you here for the position as a manager?

Matthias: Yes, I am.

Luis: Do you have your application documents with you?

Matthias: Yes, here you go.

Luis: Great. Do you have any experience as a manager?

Matthias: Yes, I was the manager of a Lidl store for three years.

Luis: Why did you quit?

Matthias: I wanted to branch out into a new field. I think your establishment would be a perfect opportunity for me.

Luis: So you are not planning on staying for longer?

Matthias: Yes, I do, I can improve myself in the same position too.

Luis: Okay. Do you have a drivers license?

Matthias: Yes, I do.

Luis: Good, in the manager position a company vehicle is a must-have.

Matthias: That's not a problem for me.

Luis: How about your language skills?

Matthias: I had French and Italian at school, but I don't know a lot of that anymore. I would say my level of both languages is B1. My English is at least a C1. Of course German is my mother language.

Luis: Okay, great. Then fill out this form, so that we can schedule a trial work day. You will be working together with other applicants, so we can see how capable you are of working in a team.

Matthias: I'm looking forward to it.

16

FAMILIENFEIER - FAMILY CELEBRATION

Oma: Und, Nicole, wann feierst du denn deinen Geburtstag?

Nicole: Ich habe mir gedacht, dass nächsten Samstag ganz gut wäre.

Oma: Ja, da hat jeder Zeit, denke ich. Außer Onkel Joseph, der muss da arbeiten.

Nicole: Okay, ich feiere aber trotzdem da.

Oma: Wen lädst du alles ein?

Nicole: Dich, die Cousinen, die Tanten, die Onkel. Dann vielleicht ein paar von meinen Freundinnen, meine Eltern und natürlich meine Schwester. Ich glaube, sie wollte einen Kuchen mitbringen.

Oma: Ich kann dir auch einen backen. Ich habe sowieso Zeit.

Nicole: Das wäre wirklich super.

Oma: Welchen willst du denn?

Nicole: Entweder einen Käsekuchen oder einen normalen Schokoladenkuchen.

Oma: Alles klar. Dann sag deiner Schwester, dass ich schon einen Kuchen mache.

Nicole: Naja, zwei Kuchen können ja auch nicht schaden, oder?

Oma: Da hast du recht. Bei so vielen Gästen ist das vielleicht keine so schlechte Idee. Onkel Robert isst sowieso allein immer drei Stücke.

Nicole: Ja, außerdem will ich den Gästen noch Kuchen mit nachhause geben können. Soll ich dir beim Backen helfen? Am Freitag habe ich auch Zeit.

Oma: Das schaffe ich schon allein. Aber wenn du willst, kannst du gerne kommen. Wir haben schon lange nicht mehr zusammen gebacken.

Nicole: Ich freue mich drauf. Ich habe wirklich schon seit Jahren keinen Kuchen mehr gebacken.

FAMILY CELEBRATION

Grandma: Nicole, when are you celebrating your birthday?

Nicole: I thought that next Saturday would be good.

Grandma: Yes, I think everyone has time then. Except for uncle Joseph, he's got work that day.

Nicole: Okay, but I'll still celebrate it on that day.

Grandma: Who are you inviting?

Nicole: You, the cousins, the aunts, the uncles. Maybe a couple of my friends, my parents and of course my sister. I think she wanted to bring a cake.

Grandma: I can bake you one too. I've got time anyways.

Nicole: That would be great.

Grandma: Which one do you want?

Nicole: Either a cheesecake or a normal chocolate cake.

Grandma: Alright. Then tell your sister that I will already be making a cake.

Nicole: Well, two cakes can't hurt, right?

Grandma: You're right. With that many guests maybe it's not a bad idea. Uncle Robert eats three pieces alone anyway.

Nicole: Yes, plus I want to give the guests some cake to take home. Should I help you with baking? I'm free on Friday.

Grandma: I can handle it alone. But if you want, you're welcome to come. It's been a long time since we've baked together.

Nicole: I'm looking forward to it. It's been years since I've made a cake.

17

MOTORRADFÜHRERSCHEIN - MOTORCYCLE LICENSE

Jonas: Na, wie läuft es mit deinem Führerschein?

Tobias: Bisher gut. Ich habe bald meine Praxisprüfung.

Jonas: Bist du mit der Theorie schon fertig?

Tobias: Ja, die Theorieprüfung habe ich letzte Woche gemacht. Ich hatte keinen einzigen Fehler.

Jonas: Naja, das ist ja auch klar. Du kennst ja die Verkehrsregeln schon von dem normalen Führerschein.

Tobias: Ja, aber beim Motorrad muss man auch auf ganz andere Dinge achten.

Jonas: Wie zum Beispiel?

Tobias: Allgemein muss man mehr auf den Verkehr achten, da man kleiner ist als die Autos. Da kann schnell ein schlimmer Unfall passieren.

Jonas: Ja, davon hört man immer wieder.

Tobias: Außerdem muss man beim Überholen vorsichtig sein.

Jonas: Das kann ich mir vorstellen. Ist Motorradfahren schwer?

Tobias: Nein, wenn man es einmal gelernt hat ist es wie Fahrradfahren. Nur ein bisschen gefährlicher.

Jonas: Aber Spaß macht es?

Tobias: Ja, das auf jeden Fall. Wenn ich den Führerschein habe, werde ich am Wochenende mal in die Berge fahren. Da gibt es super schöne Strecken.

Jonas: Das stimmt. Vielleicht sollte ich auch meinen Motorradführerschein machen, dann können wir immer Ausflüge machen. Allein fahren ist doch langweilig, oder?

Tobias: Ja, aber ich bin ja nicht allein. Der Freund meiner Schwester hat auch ein Motorrad. Mit dem kann ich dann fahren. Aber allein ist sicher auch ganz lustig.

Jonas: Naja, dann viel Glück bei deiner Praxisprüfung. Ich bin sicher, du schaffst das.

Tobias: Das hoffe ich doch, so viel wie der Führerschein kostet. Nochmal kann ich mir das nicht leisten.

MOTORCYCLE LICENSE

Jonas: How is it going with your license?

Tobias: Good so far. I have my practice exam soon.

Jonas: Are you done with the theory already?

Tobias: Yes, I had that test last week. I didn't have a single error.

Jonas: Well, no wonder. You know the traffic regulations already from the normal driver's license.

Tobias: Yes, but with the motorcycle you have to watch out for completely different things.

Jonas: Like what?

Tobias: Overall you have to watch the traffic a lot more, because you're a lot smaller than the cars. Otherwise a terrible accident can happen really fast.

Jonas: Yes, you hear that time and again.

Tobias: Also you have to be careful when passing.

Jonas: That I can imagine. Is riding a motorcycle difficult?

Tobias: No, when you get the hang of it it's like riding a bike. Only a bit more dangerous.

Jonas: But is it fun?

Tobias: Yes, definitely. When I have the license I will be riding to the mountains on the weekends. They have a lot of beautiful roads there.

Jonas: That's true. Maybe I should get my motorcycle license, so we can take some trips together. Riding alone is boring, isn't it?

Tobias: Yes, but I'm not alone. My sister's boyfriend has a motorcycle too. I can ride with him. But riding alone is pretty fun too.

Jonas: Well, good luck with your practice exam. I'm sure you can do it.

Tobias: I hope so, the license is really expensive. I can't afford that again.

18

SKITRIP - SKI TRIP

Jasmin: Hast du deine Sachen schon gepackt? Ich habe gerade drei Stunden lang alles vorbereitet.

Nina: Nein, habe ich noch nicht.

Jasmin: Warum?

Nina: Weil ich mir nicht sicher bin, ob wir morgen überhaupt Skifahren gehen können.

Jasmin: Wieso denn? Wir haben das doch schon seit Monaten ausgemacht.

Nina: Ja, aber ich habe gehört, dass es morgen regnen soll. Und das bei plus 5 Grad. Da schmilzt der Schnee doch sofort. Dann können wir die Piste runter rutschen.

Jasmin: Na toll, das wusste ich nicht. Aber ich dachte, die Piste hat Schneekanonen?

Nina: Ja, aber ich glaube nicht, dass das noch viel hilft. Der Schnee verwandelt sich ja sofort in Matsch.

Jasmin: Ich habe mich jetzt so lange gefreut. Muss es ausgerechnet morgen regnen?

Nina: Naja, wir können ja einfach nächste Woche fahren. Ich rufe mal bei der Piste an und frage, ob wir das Geld für die Liftpässe zurückbekommen.

Jasmin: Das glaube ich nicht. Bestimmt fahren an diesem Tag trotzdem manche Leute Ski.

Nina: Vielleicht schon. Aber wenn es regnet, ist auch die Lawinengefahr größer. Es kann sein, dass sie die Piste vorübergehend schließen.

Jasmin: Das ist auch besser so. Bei solchen Bedingungen gibt es immer Probleme und Verletzte. Wenigstens betrifft uns das dann nicht.

Nina: Stimmt. Ich schaue mal im Internet wie das Wetter nächste Woche ist. Es darf höchstens 2°C haben. Sonst regnet es wieder.

Jasmin: Es ist immerhin Januar. Es wird schon nochmal kälter, da bin ich mir sicher.

SKI TRIP

Jasmin: Did you pack your things yet? I've been getting everything ready for three hours.

Nina: No, not yet.

Jasmin: Why?

Nina: Because I'm not sure if we can go skiing tomorrow.

Jasmin: Why? We've been planning that for months.

Nina: Yes, but I heard that it will rain tomorrow. At 5°C. At this temperature the snow will melt right away. Then we can slide down the ski run.

Jasmin: Well great, I didn't know that. But I thought they have snow cannons over there?

Nina: Yes, but I don't think that will help much. The snow will be turning to slush right away.

Jasmin: I've been looking forward to that for so long. Does it have to rain tomorrow of all days?

Nina: Well, we can still go next week. I'll call the ski run to check if we can get back our lift tickets.

Jasmin: I don't think so. I bet there are still some people skiing on that day.

Nina: Maybe. But when it rains there is a higher chance of an avalanche. It's possible that the run will be temporarily closed.

Jasmin: It's better that way. With the conditions there is a lot more problems and injuries. At least we won't be the victims.

Nina: Right. I'll check on the internet what the weather will be like next week. It should be 2°C at most. Otherwise it will rain again.

Jasmin: After all it's January. It will get colder again, I'm sure of that.

19

SOFA KAUFEN - BUYING A COUCH

Nadine: Schauen wir uns mal die Sofas an. Wir wohnen jetzt schon 3 Monate in der WG und haben immer noch kein Sofa. Langsam wird es Zeit.

Lara: Du hast recht. Aber bei einem Sofa muss man sich auch das gemütlichste aussuchen. Das dauert eben seine Zeit. Immerhin waren wir schon in drei verschiedenen Möbelhäusern.

Nadine: Ja, wenn wir hier keines finden, nehmen wir das aus dem letzten Möbelhaus. Das war zwar ein bisschen teuer, aber wirklich gemütlich.

Lara: Ja, und man konnte es in eine Schlafcouch umwandeln. Das ist auf jeden Fall wichtig, damit auch mal Freunde bei uns übernachten können.

Nadine: Wie wäre es mit dieser hier? Die kostet zwar 800 Euro, aber sie ist ziemlich groß. Die ist auch so schon eine Schlafcouch, ohne dass man sie aufklappen muss.

Lara: Die gefällt mir gut. Aber 800 Euro ist mir schon ein bisschen zu teuer. Aber was ist mit dieser da hinten? Die kostet nur 600.

Nadine: Probieren wir sie mal aus.

Lara: Okay, die ist wirklich ungemütlich. Da zahlen wir lieber ein bisschen mehr.

Nadine: Ja, schließlich habe wir das Sofa dann für ein paar Jahre. Das soll es sein Geld schon wert sein.

Lara: Ein gutes Sofa können wir außerdem weiterverkaufen, wenn wir es nicht mehr brauchen oder wenn wir ausziehen. Meisten kauft es der Nachmieter direkt.

Nadine: Na gut. Also kommt die Couch für 800 Euro doch in Frage? Ich finde sie wirklich sehr toll.

Lara: Na schön, dann fragen wir mal den Verkäufer, ob sie noch verfügbar ist.

BUYING A COUCH

Nadine: Let's look at the couches. We've been living in that shared apartment for 3 months and still don't have a couch. It's about time.

Lara: You're right. But with a sofa you have to choose the most comfortable one. That takes time. After all we've been to three different furniture stores.

Nadine: Yes, if we don't find one here we'll just take the one from the last store. It's a bit more expensive but at least it's comfortable.

Lara: Yes, and you could transform the last one into a sofa bed. That's definitely important, so that friends can stay over.

Nadine: How about this one? It's 800 euro but it's really big. This is a sofa bed that you don't even have to unfold.

Lara: Okay, it really is comfortable. That is worth paying a little bit more.

Nadine: Yes, after all we will have that couch for a few years. It's worth the money.

Lara: In addition we can sell a good sofa again, when we don't need it anymore or we move out. Oftentimes the next tenant buys it.

Nadine: So the sofa is worth thinking about for 800 euro? I think it's really great.

Lara: Okay well, let's ask the salesperson if it's still in stock.

20

WOHNUNG SUCHEN – LOOKING FOR AN APARTMENT

Alina: Hey, hast du schon eine Wohnung für uns gefunden?

Nils: Noch nicht. Es ist wirklich schwierig, eine Wohnung zu finden, wenn wir beide Studenten sind. Die Vermieter suchen immer nur Menschen mit einer Arbeit.

Alina: Naja, ich habe ja auch einen Nebenjob. Vielleicht sollten wir anstatt einer 3-Zimmer-Wohnung eine mit 2 Zimmern suchen?

Nils: Dann haben wir aber kein Wohnzimmer. Das fände ich sehr schade, wenn Freunde zu uns kommen. Und mit einer Hausparty wird es dann auch nichts.

Alina: Ja, da hast du recht. Außerdem brauchen wir eine Wohnung, in der Haustiere erlaubt sind. Sonst muss ich meine Katze bei meinen Eltern lassen.

Nils: Das wird wirklich schwierig. In der Innenstadt finden wir da nichts, glaube ich. Ich schaue aber momentan auch nur im Internet.

Alina: Wo kann man denn sonst noch schauen?

Nils: Wie können bei einer Wohnungsverwaltung anrufen. Davon gibt es sehr viele in der Stadt. Die haben normalerweise auch immer freie Wohnungen. Meistens sind diese viel billiger.

Alina: Okay, dann mach das mal. Aber ich möchte keine Wohnung zu weit außerhalb, sonst ist der Weg zur Uni zu lang. Ich will mit dem Fahrrad dorthin fahren können.

Nils: Ich auch. Ach so, soll die Küche renoviert sein?

Alina: Das wäre schon gut, ist aber kein Muss. Meistens kostet die Wohnung dann sehr viel mehr.

Nils: Okay, aber das Bad muss schon einigermaßen neu sein. Das ekelt mich sonst.

Alina: Stell dich nicht so an, wir sind immerhin Studenten.

LOOKING FOR AN APARTMENT

Alina: Hey, have you already found an apartment for us?

Nils: Not yet. It's really difficult to find an apartment since we're both students. The landlords are looking for people with jobs.

Alina: Well, I have a side job. Maybe we should look for a 2 bedroom apartment instead of 3?

Nils: But then we won't have a living room. That would be unfortunate when friends come over. And we also can't have a house party.

Alina: You're right. Furthermore, we need an apartment where pets are allowed. Otherwise I'll have to leave my cat with my parents.

Nils: That will be difficult. I think, we won't find anything in the city center. But I'm only looking online at the moment.

Alina: Where else can we look?

Nils: We can call an apartment management agency. There are a lot of these in the city. Normally they always have empty apartments. Most of the time they are a lot cheaper.

Alina: Okay, do that then. But I don't want an apartment too far from the center, because the way to the university will be too long. I want to be able to go there by bike.

Nils: Me too. Do you want the kitchen to be renovated?

Alina: That would be great but it's not a must. Most of the time the apartment is much more expensive if the kitchen is new.

Nils: Okay, but the bathroom should be fairly new. Otherwise I'll be disgusted.

Alina: Come on, after all, we're students.

21

JOB SUCHEN - LOOKING FOR A JOB

Elena: Na, hast du jetzt schon einen neuen Job gefunden?

Manuela: Nein, das ist wirklich schwieriger als man denkt.

Elena: Geht dir nicht langsam das Geld aus?

Manuela: Doch, ich muss mich wirklich beeilen. Sonst kann ich die nächste Miete nicht mehr bezahlen.

Elena: Hm, schau noch mal in der Zeitung.

Manuela: Habe ich ja, aber da stehen immer nur Minijobs. Und wenn normale Jobs eingetragen sind, bin ich nicht qualifiziert.

Elena: Dann musst du mal ins Internet schauen.

Manuela: Ja, da gibt es aber auch nicht so viel Neues. Die Stadt ist wahrscheinlich einfach zu klein. Vielleicht sollte ich wegziehen.

Elena: Nein, das ist keine gute Idee. Sonst sehen wir uns nicht mehr. Schau am besten auch auf den Seiten der Firmen. Manchmal machen die Firmen gar keine Jobanzeigen, und nur auf deren Website steht, dass sie jemanden suchen.

Manuela: Oh, das wusste ich noch gar nicht. Das habe ich noch nie ausprobiert.

Elena: Dann mach das mal. Hast du einen Lebenslauf?

Manuela: Ja, habe ich natürlich.

Elena: Dann musst du aber noch ein gutes Anschreiben dazu schicken. Ich kann dir die Telefonnummer von meinem Onkel geben. Der ist Personalleiter und weiß wirklich, was die Firmen hören wollen.

Manuela: Das wäre gut. Ich weiß nämlich, dass da keine Fehler drin sein dürfen.

Elena: Eben.

LOOKING FOR A JOB

Elena: Have you found a new job yet?

Manuela: No, it's really more difficult than one might think.

Elena: Aren't you running out of money soon?

Manuela: Yes, I really have to hurry up. Otherwise I won't be able to pay my next rent.

Elena: Maybe try looking in the newspaper.

Manuela: I have, but I can only find odd jobs there. I'm not qualified for the normal jobs listed there.

Elena: Then you have to go and look on the internet.

Manuela: Yes, but there is not a lot more on there. Maybe this town is just too small. Maybe I should move away.

Elena: No, that's not a good idea. Otherwise we won't see each other. It's best you look at the companies' websites too. Sometimes the companies don't make ads and you can only find on their website that they're looking for someone.

Manuela: Oh, I didn't know that. I've never tried that.

Elena: Then do that. Do you have a resumé?

Manuela: Yes, of course.

Elena: Then you have to send a good cover letter with that. I can give you my uncles' phone number. He's a staff executive and knows what companies want to hear.

Manuela: That would be great. Because I know there can't be any mistakes in that.

Elena: That's what I'm saying.

22

AN DER KASSE - AT THE CASHIER

Claudia: Wie viele Kästen haben Sie?

Birgit: Ich habe zwei Kästen Mineralwasser und drei Kästen Bier.

Claudia: Alles klar. Wollen Sie noch eine Flasche Wein dazu?

Birgit: Nein, mein Mann trinkt sowieso schon zu viel.

Claudia: Das glaube ich. Wie geht es Ihrer Schwester? Die hat letzte Woche auch schon bei mir eingekauft.

Birgit: Gut, sie hat sich jetzt ein neues Haus gekauft. Wahrscheinlich kommt sie deswegen nicht mehr so oft. Das ist ein bisschen weiter weg.

Claudia: Ich habe mich schon gefragt, warum sie so lange nicht mehr da war.

Birgit: Ja, aber sonst geht es ihr gut.

Claudia: Das ist ja das Wichtigste. Wollen Sie noch den Kassenzettel dazu?

Birgit: Nein, aber ein leerer Kasten wäre gut. Ich habe zuhause noch ein paar leere Flaschen herumliegen.

Claudia: Okay, kein Problem. Nehmen Sie sich einfach beim Ausgang einen Kasten. Ich berechne dann das Pfand.

Birgit: Super. Dann bis zum nächsten Mal.

Claudia: Ja. Am Freitag gibt es eine Aktion, bei der Sie eine Flasche Orangensaft dazu bekommen, wenn sie einen Kasten Mineralwasser kaufen.

Birgit: Super, dann komme ich da mal vorbei.

Claudia: Bis dann! Soll ich Ihnen beim Einladen helfen?

Birgit: Nein, das geht schon. Mein Sohn wartet am Auto.

AT THE CASHIER

Claudia: How many crates do you have?

Birgit: I have two water crates and three crates of beer.

Claudia: Alright. Do you want a bottle of wine with that?

Birgit: No, my husband is drinking too much anyway.

Claudia: That I believe. How is your sister doing? She was here last week.

Birgit: Good, she has bought herself a new house. That's probably why she hasn't been coming as often. It's a little bit further away from here.

Claudia: I've been wondering why she hasn't been here for so long.

Birgit: Yes, but otherwise she's doing good.

Claudia: That's the most important thing. Do you want the receipt?

Birgit: No, but an empty crate would be great. I've got some empty bottles laying around at home.

Claudia: Okay, no problem. Just take one at the exit. I'll add it to the bill.

Birgit: Great. Until next time then.

Claudia: Yes. On Friday we have an offer where you get a bottle of orange juice if you buy a crate of water.

Birgit: Great, I'll come over then.

Claudia: Until then! Should I help you load in?

Birgit: No, I'm good. My son is waiting in the car.

23

IN DER NOTAUFNAHME – IN THE EMERGENCY ROOM

Britta: Hallo, was fehlt Ihnen denn?

Mara: Seit heute morgen habe ich so ein Stechen im Bauch.

Britta: Wie stark sind Ihre Schmerzen auf einer Skala von 1 bis 10?

Mara: Also eine 6 ist es schon, würde ich sagen.

Britta: Wo sind denn die Schmerzen genau?

Mara: Hier unten links.

Britta: Ist Ihnen denn auch übel, schwindelig oder schlecht?

Mara: Ja, die Übelkeit habe ich schon seit dem Aufstehen.

Britta: Dann könnte es eventuell der Blinddarm sein. Das müssen wir nochmal genauer untersuchen. Kommen Sie bitte mit. Wir nehmen Ihnen erst einmal Blut ab.

Mara: Aber ich habe Angst vor Spritzen. Und wenn ich Blut sehe, wird mir schwindelig.

Britta: Dann sehen Sie am besten nicht hin. Das Blut brauchen wir, sonst wissen wir nicht genau wie hoch Ihre Entzündungswerte sind. Danach müssen wir außerdem einen Ultraschall machen.

Mara: In Ordnung. Dann hole ich schnell meine Tasche.

AT THE EMERGENCY ROOM

Britta: What's wrong with you?

Mara: Since this morning I have this sting in my belly.

Britta: How intense is the pain on a scale from 1 to 10?

Mara: It's definitely a 6 I would say.

Britta: Where is the pain exactly?

Mara: Down here on the left.

Britta: Are you nauseous, dizzy or sick?

Mara: Yes, I have nausea since getting up.

Britta: Then it could be the appendix. We have to take a closer look at that. Please come with me. We have to draw blood first.

Mara: But I'm afraid of needles. If I see blood I get dizzy.

Britta: Then it's best you look away. We need the blood, otherwise we don't know if you're inflammation marks are high. After that we have to make an ultrasound.

Mara: Alright. I'll get my bag then.

24

ELTERNSPRECHTAG – PARENT TEACHER CONFERENCE

Benjamin: Hallo, ich bin Jennifers Vater.

Christian: Hallo, kommen Sie doch rein. Ich habe schon ein paar Stichpunkte über das Verhalten Ihrer Tochter notiert.

Benjamin: Und, wie benimmt sie sich so im Unterricht?

Christian: Soweit gut. Sie sitzt aber neben ihrer besten Freundin. Die beiden reden sehr gerne miteinander. Und das auch während des Unterrichts.

Benjamin: Oh, das höre ich nicht gerne.

Christian: Ja, aber dafür meldet sie sich oft. Ihre Noten sind gut, wie Sie bestimmt wissen.

Benjamin: Ja, Jennifer bringt immer eine Zwei mit nach Hause. Damit sind ich und meine Frau schon sehr zufrieden. Denken Sie, sie kann sich noch verbessern?

Christian: Wir haben ein Nachhilfeangebot, jeden Freitag nach der Schule. Da kann Jennifer gerne hingehen.

Benjamin: Das klingt gut. Obwohl ich glaube, dass sie am Freitag lieber nach Hause will. Gibt es denn noch andere Tage, an denen eine Übung ist?

Christian: Leider nicht. Erst ab nächstem Jahr kommt auch noch der Dienstag dazu. Wenn es soweit ist, melde ich mich bei Ihnen.

Benjamin: Das wäre gut. Gibt es sonst noch was zu besprechen?

Christian: Nein, das wäre alles. Sagen sie Jennifer schöne Grüße von mir.

Benjamin: Mache ich.

PARENT TEACHER CONFERENCE

Benjamin: Hello, I'm Jennifer's dad.

Christian: Hello, please come in. I've got some notes here about your daughter.

Benjamin: How is she behaving in class?

Christian: Good. She's sitting next to her best friend. The two of them enjoy talking to each other very much in class.

Benjamin: Oh, that's not what I wanted to hear.

Christian: Yes, but to make up for that she's raising her hand a lot. Her grades are good, as I'm sure you know.

Benjamin: Yes, Jennifer always brings home a B. Me and my wife are very satisfied with that. Do you think she can get any better?

Christian: We have a practice lesson every Friday after school. Jennifer can go there if she wants.

Benjamin: That sounds good. Even though I think she rather wants to go home on Friday. Is there practice on any other day of the week?

Christian: Sadly not. Starting from next year there will be a practice lesson on Tuesday though. I'll get back to you when it's time.

Benjamin: That would be great. Is there anything else that needs to be talked about?

Christian: No, that would be all.

Benjamin: Give Jennifer my regards.

Christian: I will.

25

MÜLLTRENNUNG - GARBAGE SEPARATION

Christoph: Markus, der Mülleimer ist schon wieder voll, kannst du ihn bitte diesmal zur Tonne bringen?

Markus: Wieso ich?

Christoph: Ich habe es die letzten drei Mal gemacht. Langsam bist du wieder dran.

Markus: So oft ist der Müll doch gar nicht voll geworden!

Christoph: Doch, das merkst du nur nicht, weil ich ihn so schnell ausleere. Der Müll wird so schnell voll, weil du immer den Kunststoffmüll in den Restmüll wirfst.

Markus: Was macht das für einen Unterschied?

Christoph: Der Müll muss in verschiedene Tonnen. Unser Kunststoffmüll ist gelb.

Markus: Oh, ich dachte der schwarze Eimer ist für Kunststoff.

Christoph: Nein, das ist der Restmüll.

Markus: Na gut. Ich mache dir einen Vorschlag. Wenn du nochmal den Müll raus bringst, dann kümmere ich mich um die Dosen und Gläser. Der Korb ist schon lange voll.

Christoph: Meinetwegen. Aber das bedeutet nicht, dass ich immer den Müll rausbringen muss. Eigentlich sollte jeder gleich viel Hausarbeit machen müssen.

Markus: Okay, nächste Woche mache ich es.

Christoph: Der Müll wird aber in zwei Tagen schon voll sein.

Markus: Dann eben in zwei Tagen.

Christoph: Gut.

GARBAGE SEPARATION

Christoph: The garbage can is full again, can you take it out to the garbage bin this time, please?

Markus: Why me?

Christoph: I've taken care of it the last three times. It's your turn now.

Markus: The garbage can didn't even fill up that many times!

Christoph: Yes, it did. You just don't notice it because I'm clearing it out so fast. It's filling up so fast because you always throw plastic in the residual waste bin.

Markus: What difference does it make?

Christoph: The garbage has to go in different bins. The plastic is in the yellow bin.

Markus: Oh, I thought the black bin is for plastic.

Christoph: No, that's the residual waste.

Markus: Okay then. I'll make you an offer. If you take out the garbage one more time, I'll take care of the cans and glass. The basket is full too.

Christoph: Okay, fine. But that doesn't mean I'm always taking out the trash. We should both be doing the same amount of housework.

Markus: Okay, I'll do it next week.

Christoph: The garbage bin will be full in two days.

Markus: I'll do it in two days then.

Christoph: Good.

26

HAUS UMBAUEN - RECONSTRUCTING THE HOUSE

Michael: Hat der Architekt schon angerufen?

Sigrid: Nein, noch nicht. Ich habe ihm aber schon gesagt, was er machen soll

Michael: Hast du auch erklärt, dass noch ein weiteres Gästezimmer dazukommen soll?

Sigrid: Ja, das habe ich ihm schon letzte Woche gesagt, aber er hat gesagt, die Räume wären dafür zu klein.

Michael: Dann müssen wir die Aufteilung nochmal neu besprechen.

Sigrid: Ja, dann machen wir einen Termin mit ihm aus. Wo sollen wir eigentlich schlafen, während der Umbau stattfindet?

Michael: Darüber habe ich mir noch keine Gedanken gemacht. Vielleicht im Wohnzimmer?

Sigrid: Wir beide zusammen? Auf dieser kleinen Couch? Das wird nicht funktionieren. Ich muss diese Woche jeden Tag arbeiten und brauche meinen Schlaf.

Michael: Na dann müssen wir wohl in ein Hotel gehen. Einen anderen Schlafplatz gibt es nicht mehr.

Sigrid: Ich kann allein auf der Couch schlafen. Wie wäre es, wenn du dir einfach die Schlafzimmermatratze ins Wohnzimmer legst?

Michael: Stimmt, so können wir es machen. Dann können wir deine auch gleich dort auf den Boden legen. Die Couch ist zu ungemütlich.

Sigrid: Soviel Platz haben wir nicht. Außerdem ist dann kaum noch Platz zum Laufen.

Michael: Es ist ja nur vorübergehend. Die eine Woche werden wir schon aushalten.

Sigrid: Und wenn es länger dauert?

Michael: Dann geben wir dem Architekten die Schuld.

RECONSTRUCTING THE HOUSE

Michael: Has the architect called yet?

Sigrid: No, not yet. But I've told him already what to do.

Micheal: Have you explained to him that there should be an additional guest room?

Sigrid: Yes, I've told him that last week but he said that the rooms are too small for that.

Michael: Then we have to talk over the room arrangement again.

Sigrid: Yes, we'll schedule a meeting with him. Where are we even sleeping while the reconstruction is taking place?

Michael: I haven't thought about that yet. Maybe in the living room?

Sigrid: Both of us? On that small sofa? That won't work. I have to go to work every day and I need my sleep.

Michael: Well, we'll have to go to a hotel then. There is no other place to sleep.

Sigrid: I can sleep alone on the couch. What about laying the mattress from the bedroom onto the living room floor?

Michael: Right, we can do that. Then we can lay down yours as well. The couch is too uncomfortable.

Sigrid: We don't have enough space for that. Besides there is not enough room for walking if we do that.

Michael: It's only temporary. We can endure that one week.

Sigrid: And if it takes longer?

Michael: Then we'll blame the architect.

27

AUF DEM SPORTPLATZ - ON THE SPORTS GROUND

Tanja: Ich liebe es, den Jungs beim Fußball zuzusehen.

Tabea: Du hast doch gar keine Ahnung von Fußball. Du weißt nicht mal, auf welches Tor unser Team spielt.

Tanja: Darum geht es mir ja gar nicht. Ich finde es einfach cool, wie viel Mühe sich die Jungs geben. Das ist einfach toll, finde ich.

Tabea: Naja, es ist eben Fußball. Ich bin kein großer Fan, muss ich sagen.

Tanja: Ich eigentlich auch nicht. Aber ich würde schon gerne einmal mitspielen.

Tabea: Ich glaube, dafür ist deine Ausdauer etwas zu schlecht. Immerhin müssen die Spieler die ganze Zeit über rennen.

Tanja: Da hast du wohl recht. Aber irgendeine Sportart will ich diesen Sommer anfangen. Vielleicht Tennis oder Volleyball.

Tabea: Tatsächlich habe ich mir auch überlegt mit Volleyball anzufangen. Das haben wir im Schulsport immer gespielt und es hat mit wirklich Spaß gemacht.

Tanja: Mir auch, aber danach taten mir immer die Unterarme weh.

Tabea: Ja, das kenne ich nur zu gut. Vielleicht sollten wir mal zu einer Schnupperstunde gehen.

Tanja: Können wir gerne machen. Interessiert Tennis dich auch?

Tabea: Nein, nicht wirklich. Meine Schwester spielt Tennis und ich will nicht, dass sie denkt, ich würde sie nachahmen.

Tanja: Ach Quatsch, wenn du mit mir zusammen gehst, wird sie das nicht denken.

Tabea: Da hast du vielleicht recht, aber lass uns erst einmal Volleyball ausprobieren.

Tanja: Klar, dann am Freitag um 16 Uhr auf dem Volleyball-Gelände?
Tabea: Alles klar. Und vergiss den Ball nicht.

ON THE SPORTS GROUND

Tanja: I love watching the boys play football.

Tabea: You have no clue about football. You don't even know which team is going for what goal.

Tanja: That's not what it's about. I just think it's cool how much effort the boys are putting in. I think that's really attractive.

Tabea: Well, that's football. I'm not a big fan I must say.

Tanja: Me neither actually. But I would love to play sometime.

Tabea: I think your endurance is a bit too bad for that. After all the players have to run the whole time.

Tanja: You might be right. But I want to start some kind of sport this summer. Maybe tennis or volleyball.

Tabea: I've actually also been thinking about starting volleyball. We always played that at school and I always really liked it.

Tanja: Me too, but my forearms used to hurt afterwards.

Tabea: Yes, I know that feeling too well. Maybe we should go for a trial session.

Tanja: We could do that. Are you interested in tennis too?

Tabea: No, not really. My sister plays tennis and I don't want her to think I'm imitating her.

Tanja: Bollocks, if we go together, she won't think that.

Tabea: Maybe you're right, but let's try volleyball first.

Tanja: Sure, then let's meet on the volleyball field on Friday at 4 p.m.?

Tabea: Alright, and don't forget to bring the ball.

28

FAHRRADDIEBSTAHL - STOLEN BIKE

Oscar: Hi, Oliver. Hast du mein Fahrrad irgendwo gesehen? Ich dachte wirklich, dass ich es hier abgestellt habe.

Oliver: Nein, leider nicht. Vielleicht hast du nur vergessen, wo du es hingestellt hast.

Oscar: Nein, das glaube ich nicht.

Oliver: Glaub mir, das kann schon passieren. Einmal habe ich vergessen, dass ich zur Schule gelaufen bin und habe mein Fahrrad eine Stunde lang gesucht. Letztendlich bin ich dann mit dem Bus nachhause gefahren.

Oscar: Oh, das ist ja komisch. Aber ich bin mir ganz sicher, dass es hier war. Meinst du es könnte jemand geklaut haben?

Oliver: Hast du es denn mit einem Fahrradschloss abgesperrt?

Oscar: Nein, habe ich nicht. Aber hier sind noch so viele andere Fahrräder, die nicht abgesperrt sind. Und die sind viel teurer als meines.

Oliver: Vielleicht wusste der Dieb das nicht, sonst hätte er ein anderes genommen. Aber du solltest dein Fahrrad hier eigentlich immer absperren. Das ist nicht das erste Mal, dass eines gestohlen wurde.

Oscar: Na toll, wie soll ich das nur meinem Vater erklären. Der hat mir das Fahrrad erst letztes Jahr gekauft. Jetzt muss ich mir mein neues selber kaufen.

Oliver: Geh am besten gleich zur Polizei und melde es als gestohlen. Vielleicht taucht es dann wieder auf. Vielleicht hat sich das Fahrrad auch jemand ausgeliehen, der es morgen wieder zurückbringt. Schau am besten morgen nochmal an dieser Stelle.

Oscar: Das glaube ich kaum. Wer macht so etwas schon.

Oliver: Naja, es gibt komische Menschen.

STOLEN BIKE

Oscar: Hi, Oliver. Have you seen my bike anywhere? I thought that I put it here.

Oliver: No, I'm afraid not. Maybe you forgot where you put it.

Oscar: No, I don't think so.

Oliver: Believe me, that can happen. One time I forgot I had walked to school and spent an hour looking for my bike. In the end, I took the bus home.

Oscar: Oh, that's strange. But I'm certain my bike was here. Do you think somebody stole it?

Oliver: Did you have a bike lock on it?

Oscar: No, I didn't. But there are lots of bikes here that don't have a lock. And they're much more expensive than mine.

Oliver: Maybe the thief didn't know that, otherwise he would have taken another one. But you should always lock your bike here, it wouldn't be the first time one got stolen.

Oscar: Well great, how am I going to explain that to my dad. He bought me the bike last year. Now I have to buy a new one myself.

Oliver: It's best you go to the police and report your bike as missing. Maybe it will turn up then. Maybe someone just borrowed it and will bring it back tomorrow. Maybe look on the same spot tomorrow.

Oscar: I don't believe that. Who does that?

Oliver: Well, there are strange people.

29

KOSTÜMPARTY - COSTUME PARTY

Ramona: Was soll ich nur anziehen? Ich habe vergessen, mir rechtzeitig ein Kostüm zu bestellen.

Elka: Wir können immer noch in die Stadt gehen und dir eines kaufen.

Ramona: Die Läden machen um 20.00 Uhr zu und jetzt ist es 19.00 Uhr. Da müssten wir wirklich schnell sein, das schaffen wir nicht mehr.

Elka: Was wolltest du denn eigentlich für ein Kostüm haben?

Ramona: Entweder wollte ich als Hexe, Katze oder Prinzessin gehen.

Elka: Hm, die Katze können wir ja immer noch selbst machen.

Ramona: Wie denn das?

Elka: Naja du brauchst schwarze, enge Klamotten. Dann brauche wir einen Eyeliner, um die die Nase und Schnurrhaare aufzumalen.

Ramona: Und was ist mit den Ohren?

Elka: Ganz einfach. Wir nehmen einen Haarreif und kleben zwei Stoffteile auf. Und schon hast du Katzenohren.

Ramona: Stimmt. Aber ich habe leider keinen Haarreif.

Elka: Naja, bis zum Drogerieladen schaffen wir es um diese Zeit noch. Dann kannst du dir da einen aussuchen.

Ramona: Das ist wirklich eine super Idee. Als was verkleidest du dich eigentlich?

Elka: Ich habe mir ein Kostüm von meiner Tante ausgeliehen. Sie hat immer so viele. Ich gehe als Pirat.

Ramona: Finde ich cool. Danke, dass du mir hilfst, ein Last-Minute-Kostüm zu basteln.

Elka: Gern geschehen!

COSTUME PARTY

Ramona: What am I supposed to wear? I forgot to order a costume in time.

Elka: We can still go to the city and buy you one.

Ramona: The stores close at 8 p.m. and it's 7 p.m. We would have to be really fast. We won't make it in time.

Elka: What costume did you have in mind?

Ramona: Either a witch, a cat or a princess.

Elka: Hm, the cat we can do ourselves.

Ramona: How?

Elka: Well you'll need tight black clothes. Then we need an eyeliner to draw on the nose and the whiskers.

Ramona: And what about the ears?

Elka: We'll just take a headband and glue on two pieces of fabric. And there you have some cat ears.

Ramona: You're right. But I don't have a headband.

Elka: Well, we could make it to the drugstore in time. You can choose one there.

Ramona: That's really a great idea. What costume are you wearing?

Elka: I've borrowed one from my aunt. She always has so many different ones. I'm going as a pirate.

Romana: That's cool. Thanks for helping me make a last minute costume.

Elka: You're welcome!

30

KLEIDERTAUSCHPARTY - CLOTHES EXCHANGE PARTY

Sandra: So, hier sind meine Sachen. Wo soll ich sie hinlegen?

Angela: Da drüben habe ich einen Tisch für dich vorbereitet. Wenn du mehr Platz brauchst, sag es einfach. Wie viele Klamotten hast du denn dabei?

Sandra: So ungefähr drei Säcke voll. Etwa 50 Oberteile und 20 Hosen.

Angela: Oh, das ist aber eine Menge.

Sandra: Ja, ich will auch nicht allzu viel wieder mit nachhause nehmen. Das passt gar nicht mehr in meinen Kleiderschrank. Wie viele Mädels kommen denn?

Angela: Ich habe 40 eingeladen und denke, dass davon etwa 25 kommen werden. 15 sind bereits da. Du kannst dich ja mal umschauen, vielleicht findest du ja was schönes.

Sandra: Die besten Teile findet man immer am Anfang, wenn sie noch niemand weggeschnappt hat.

Angela: Das stimmt.

Sandra: Wie viel hast du denn dabei?

Angela: Ich habe 4 Säcke, aber vieles davon ist auch von meiner Schwester. Sie hat einen begehbaren Kleiderschrank und sehr viele Klamotten, die sie nicht mehr anzieht.

Sandra: Das glaube ich. Bei so einem großen Schrank kann sich ganz schön viel ansammeln. Ich hoffe, du bekommst das alles los.

Angela: Alles bestimmt nicht. Aber hoffentlich mindestens die Hälfte.

Sandra: Ja, auf die Hälfte hoffe ich auch.

Angela: Naja, dann wünsche ich dir viel Glück! Sag, wenn du etwas brauchst.

Sandra: Ich dir auch! Ja, mache ich.

CLOTHES EXCHANGE PARTY

Sandra: Here are my things. Where should I put them?

Angela: We've prepared a table for you over there. Just tell us if you need more space. How many clothes did you bring?

Sandra: About three sacks full. It's approximately 50 tops and 20 pairs of pants.

Angela: Oh, that's a lot.

Sandra: Yes, I don't want to take a lot of it back home with me. It doesn't even fit in my closet anymore. How many girls are coming?

Angela: I invited 40, but I think 25 of them will show up. 15 are already here. You can look around, maybe you'll find something pretty.

Sandra: You find the best pieces in the beginning when nobody snagged them yet.

Angela: That's true.

Sandra: How many did you bring?

Angela: I have 4 sacks, but one of them is from my sister. She has a walk in closet and a lot of clothes she doesn't wear anymore.

Sandra: I believe that. With a big closet like that stuff accumulates. I hope you get rid of it all.

Angela: Surely not. But I hope, it will be at least half of it.

Sandra: I hope so too.

Angela: Well, good luck to you! Tell me when you need something.

Sandra: To you too! Yes, I will.

31

AUSTAUSCHSCHÜLER - EXCHANGE STUDENT

Sonja: Hi, Alex. Ich bin es, Sonja. Kommst du heute mit, meinen neuen Austauschschüler abholen?

Alex: Ja, klar. Ich habe ja auch einen. Dann können wir mit deinem Auto fahren.

Sonja: Das wäre echt gut. Außerdem weiß ich nicht, über was ich mich mit ihm unterhalten soll. Da ist es besser, wenn du dabei bist.

Alex: Stimmt. Wo kommt dein Schüler denn her? Kann er Deutsch sprechen?

Sonja: Er kommt aus Spanien mit dem Flugzeug. Naja Deutsch kann er noch nicht wirklich. Er hat es ein Jahr lang in der Schule gelernt. Er kann wahrscheinlich die Basics.

Alex: Naja, ihr könnt euch ja für den Anfang auf Englisch unterhalten.

Sonja: Ja, ich hoffe er kann gutes Englisch. Sonst haben wir nicht viel zu reden. Wo kommt deiner denn her?

Alex: Zu mir kommt eine Schülerin aus Frankreich. Sie ist zwei Jahrgänge über mir und spricht schon sehr gutes Deutsch. Die Lehrerin hat gesagt, sie hat bereits an einem Deutschlandaustausch teilgenommen.

Sonja: Wahrscheinlich spricht sie sehr flüssig. Wir können ja mal zu viert etwas unternehmen. Sonst weiß ich nicht, was ich die ganze Woche lang mit meinem Austauschschüler machen soll.

Alex: Ja, können wir. Ich glaube, meine Austauschschülerin lernt sogar Spanisch in der Schule. Dann kann sie sich mit deinem Schüler unterhalten.

Sonja: Das wäre echt super. Ich hole dich dann so um 15 Uhr ab.

Alex: Alles klar!

EXCHANGE STUDENT

Sonja: Hi, Alex. It's me, Sonja. Are you coming with me to pick up the exchange student?

Alex: Yes, of course. I have one too. Then we can share a car.

Sonja: That would be great. Also I don't know what to talk about with him. It would be better if you were there with me.

Alex: That's true. Where is he from? Does he speak German?

Sonja: He's from Spain and is coming by airplane. Well, he doesn't really speak German yet. He's had the classes for half a year at school. I'm guessing he knows the basics.

Alex: Well, in the beginning you can talk in English.

Sonja: Yes, I hope, his English is good. Otherwise, we won't have much to talk about. Where is yours from?

Alex: A student from France will be coming to my house. She's two years above me and speaks German really well. The teacher told me, she's already taken part in a Germany exchange.

Sonja: She probably speaks very fluently. We could all do something together. Otherwise, I don't know what to do with my exchange student all week.

Alex: Yes, we can do that. I even think that my exchange student is learning Spanish at school. Then she can talk to your student.

Sonja: That would really be great. I'll come pick you up at 3 p.m.

Alex: Alright!

32

TV PROGRAMME - TV PROGRAMS

Betty: Kannst du bitte mal umschalten? Ich will nicht das dritte Mal diese Woche Fußball anschauen müssen.

Bernd: Wieso nicht? Es ist die Weltmeisterschaft. Jeder auf der Welt schaut das gerade an.

Betty: Aber ich will es nicht sehen. Es ist 20.15 Uhr an einem Samstagabend. Da kommen richtig gute Filme im Fernsehen. Fußball ist doch immer das Gleiche.

Bernd: Das Spiel ist in einer halben Stunde vorbei. Dann können wir immer noch anschauen, was du willst.

Betty: Na toll dann ist der Film ja schon halb vorbei.

Bernd: Meinetwegen können wir morgen in die Videothek gehen und einen Film ausleihen. Aber heute schauen wir noch Fußball an.

Betty: Einverstanden. Dann gehe ich jetzt ins Bett. Ich muss morgen sowieso früh aufstehen.

Bernd: Ach komm, schau das Spiel noch zu Ende. Es dauert ja nur noch eine halbe Stunde. Ich schaue immer Programme mit dir an, die ich nicht sehen will.

Betty: Nein, tut mir leid. Ich bin sowieso müde.

Bernd: Gut, dann gute Nacht.

Betty: Gute Nacht.

TV PROGRAMS

Betty: Can you please change the channel? I don't want to have to watch football for the third time this week.

Bernd: Why not? It's the world cup. Everyone on earth is watching that right now.

Betty: But I don't want to see it. It's 8.15 p.m. on a Saturday night. There are really good movies on TV right now. Football is always the same.

Bernd: The game is over in half an hour. Then we can watch whatever you want.

Betty: Well, great, then the movie is already over.

Bernd: If it's up to me, we can go to the video store tomorrow and pick a movie to rent. But today we're watching football.

Betty: Agreed. Then I'll go to bed now. I have to get up early tomorrow anyway.

Bernd: Come on, watch the game until the end. It will only take half an hour. I always watch programs with you that I don't want to see.

Betty: No, I'm sorry. I'm tired anyway.

Bernd: Fine, good night then.

Betty: Good night.

33

WAS IST DEIN HOBBY? - WHAT'S YOUR HOBBY?

Daniel: Hi, was machst du heute nach der Schule?

Dennis: Ich weiß noch nicht. Wahrscheinlich male ich ein bisschen oder gehe auf den Tennisplatz. Und du?

Daniel: Ich weiß es auch noch nicht. Irgendwie ist mir meistens nur langweilig und dann spiele ich Videospiele oder treffe mich mit Freunden. Aber irgendwie brauche ich mal ein Hobby.

Dennis: Dann such dir eben eines. Gibt es denn nichts, was du einmal ausprobieren willst?

Daniel: Doch schon, aber ich habe niemanden, mit dem ich dort hingehen kann.

Dennis: Brauchst du doch nicht. Vielleicht findest du sogar neue Freunde und lernst neue Leute kennen, wenn du allein hingehst.

Daniel: Ja, das stimmt schon. Hast du Ideen, was ich machen könnte?

Dennis: Du könntest zum Schwimmen gehen, Leichtathletik betreiben, Fußball, Tennis, Volleyball oder Basketball spielen. Oder vielleicht etwas anderes wie beispielsweise ein Instrument spielen oder was mit Kunst oder Schreiben machen. Es gibt so viele Sachen. Du könntest sogar Briefmarken sammeln.

Daniel: Es gibt so viele Sachen, die ich machen könnte, dass ich mich gar nicht entscheiden kann. Aber immer, wenn ich irgendetwas anderes mache, habe ich eher Lust, Videospiele zu spielen.

Dennis: Aber du brauchst etwas, damit du mal ein bisschen raus kommst. Irgendwann freust du dich, dass du ein Hobby angefangen hast.

WHAT'S YOUR HOBBY?

Daniel: Hi, what are you doing today after school?

Dennis: I don't know yet. I'll probably go to the tennis court for a bit. And you?

Daniel: I don't know yet either. Somehow I'm bored most of the time and end up playing video games or meeting up with friends. But I kind of need a hobby.

Dennis: Then go and look for it. Is there nothing you want to try?

Daniel: Yes, there is, but I don't have anyone to go there with.

Dennis: You don't need anyone. Maybe you'll find some friends or meet new people if you go alone.

Daniel: Yes, that's true. Do you have any ideas about what I could do?

Dennis: You could go swimming, do track, football, tennis, volleyball or basketball. Or maybe something else like playing an instrument, art or writing. There are so many things. You could even collect stamps.

Daniel: There are so many things I could do, that I can't even decide. But every time I do something else I feel like playing video games.

Dennis: But you need something, so you get out of your house more. Sometime you'll be glad you started a hobby.

34

SPIELPLATZ - PLAYGROUND

Doris: Na, wie geht es dir, Gaby?

Gaby: Gut, und dir? Wie geht es deinem Sohn?

Doris: Auch gut, aber mein Sohn ist zur Zeit sehr nervös.

Gaby: Wie meinst du das?

Doris: Wir waren schon beim Arzt. Er vermutet, Jan hat ADHS. Er kann nur schwer zuhören oder sich auf etwas konzentrieren. Deswegen kommen wir öfter hierher auf den Spielplatz. Hier kann er sich austoben, wie er will.

Gaby: Ja, das ist wirklich eine gute Möglichkeit. Also, meine Lina hat hier auch immer Spaß. Sie hat schon viele neue Freundinnen hier gefunden.

Doris: Meinst du, sie würde sich auch mit Jan verstehen?

Gaby: Ich glaube eher nicht. Sie ist sehr schüchtern und Jan ist wirklich extrovertiert.

Doris: Da hast du wahrscheinlich recht. Schade, sonst könnten wir uns öfter treffen.

Gaby: Wir können ja bestimmte Zeiten ausmachen, zu denen wir auf den Spielplatz gehen. Da freuen sich die Kinder und wir können uns auch öfter sehen.

Doris: Ja, das ist eine gute Idee.

PLAYGROUND

Doris: Well, how are you, Gabby?

Gabby: Well, and you? How is your son doing?

Doris: Also good, but he's very nervous right now.

Gabby: What do you mean?

Doris: We've already been to the doctor. He believes Jan has ADD. He's having a hard time listening or concentrating on something. That's why we're coming to the playground a lot. Here he can sow his wild oats.

Gabby: Yes, that really is a good opportunity. My Lina always has fun here. She's found a lot of new girlfriends here.

Doris: Do you think she would get along with Jan too?

Gabby: I don't think so. She's very shy and Jan is rather extroverted.

Doris: You're probably right. It's a shame, otherwise we could meet up here more often.

Gaby: Well we can arrange specific times when we go to the playground. The kids will be excited and we can see each other more often.

Doris: Yes, that's a good idea.

35

BEIM EINKAUFEN - AT THE SUPERMARKET

Heike: Hallo Helga! Schön, dich hier zu treffen. Gehst du auch immer am Samstagmorgen zum Einkaufen?

Helga: Hallo Heike! Ja, da habe ich eigentlich immer Zeit. Samstags bin ich nicht in der Arbeit. Wie geht es deinem Mann?

Heike: Gut, er ist nur etwas erkältet zur Zeit. Ich sehe, du kaufst dir eine neue Küchenmaschine. Was ist denn mit deiner alten? Die haben wir doch zusammen gekauft.

Helga: Ja, die ist noch in Ordnung. Aber hier gibt es heute so ein Angebot, bei dem die Maschine um 50% reduziert ist. Da musste ich einfach zuschlagen.

Heike: Wie lang geht dieses Angebot noch? Vielleicht sollte ich mir auch mal eine neue Küchenmaschine kaufen.

Helga: Also ich habe einige gute Rezensionen über sie gelesen. Deswegen wollte ich sie mir zulegen. Als ich gesehen habe, dass sie heute billiger ist, bin ich gleich los.

Heike: Wie lange geht denn das Angebot noch? Ich brauche etwas Zeit zum Nachdenken.

Helga: Ich glaube, es gilt nur heute. Frag doch einfach mal eine Verkäuferin.

Heike: Das mache ich gleich. Richte deinem Mann und deinem Bruder schöne Grüße aus. Die beiden habe ich schon ewig nicht mehr gesehen.

Helga: Mache ich. Grüße auch deinen Mann von mir. Schönes Wochenende noch!

Heike: Das wünsche ich dir auch, Helga.

AT THE SUPERMARKET

Heike: Hello! Nice to see you here. Are you too always going grocery shopping on Saturday morning?

Helga: Hello Heike! Yes, I always have time then. I don't have work on Saturday. How is your husband doing?

Heike: Good, he's just got a cold at the moment. I see you're buying a food processor. What about your old one? We bought that one together, right?

Helga: Yes, it's still working. But there is this offer today where this processor is on sale for 50% off. I just had to get it.

Heike: How long is this offer going? Maybe I should buy a new food processor too.

Helga: I think it's only today. Just ask the salesperson.

Heike: I'll do that. Give your husband and your brother my regards. I haven't seen them in a long time.

Helga: I will. Give my regards to your husband. A good weekend to you!

Heike: To you too.

36

BEIM ARBEITSAMT - AT THE JOB CENTER

Ingo: Hallo, haben Sie einen Termin?

Karin: Ja, habe ich. Ich bin letzte Woche hier hergezogen. Ich habe vorher als Mediengestalterin gearbeitet und suche jetzt einen neuen Job.

Ingo: Alles klar, dann trage ich Sie direkt in das System ein. Geben Sie mir bitte Ihre Adresse.

Karin: Ich wohne in der Ederstraße 35, 86234 Schwabmünchen.

Ingo: Okay, dann kann ich Ihnen nämlich die Jobanzeigen per Post schicken. Die können Sie dann jede Woche durchgehen.

Karin: Das wäre wirklich gut. Aber geht das nicht schneller, wenn Sie mir die Anzeigen einfach per Mail schicken?

Ingo: Das kann ich auch machen. Da bekommen Sie pro Tag etwa 10. Wie weit ist denn der Radius, in dem Sie suchen wollen? Wären Sie auch damit einverstanden, etwas weiter zu fahren?

Karin: Ich will täglich höchstens 40 km fahren müssen. Ich habe zwar ein Auto, aber dann geht ja nochmal sehr viel Zeit verloren.

Ingo: Das verstehe ich. Da finden wir schon etwas in der Nähe. In welchem Bereich arbeiten Sie genau?

Karin: Ich mache als Mediengestalerin Mediendesign, kann aber auch andere Aufgaben erledigen. Ich habe ein Designstudium absolviert.

Ingo: Ihren genauen Lebenslauf reichen Sie mir bitte noch ein, damit ich weiß, für welche Berufe Sie genau infrage kommen.

Karin: Alles klar, mache ich.

Ingo: Super, dann sende ich Ihnen die Annoncen per E-Mail. Wie lautet Ihre

E-Mail-Adresse?

Karin: KarinGl@googlemail.com.

AT THE JOB CENTER

Ingo: hello, do you have an appointment?

Karin: Yes, I do. I moved here last week. I worked as a digital designer before and now I'm looking for a new job.

Ingo: Alright, then I'll check you into the system. Please give me your address.

Karin: It's Ederstraße 35. 86234 Schwabmünchen.

Ingo: Okay, then I can send you the job posts in the mail. You can look them through every week.

Karin: That would be great. But wouldn't it be much faster if you just send me the jobs per e-mail?

Ingo: I can do that too. You'll get about 10 every day. How big is the radius you want to look for jobs in? Would you be alright with driving a bit longer?

Karin: I want to drive 40 km per day at most. I do have a car but it's still a lot of lost time.

Ingo: I understand. We'll find something in close proximity. What sector are you working in exactly?

Karin: I'm doing digital design, but I can do other things too. I have a degree in design.

Ingo: Please don't forget to hand in your exact resumé.

Karin: Okay, I'll do that.

Ingo: Great, then I'll send you the job posts per e-mail. What's your e-mail address?

Karin: KarinGl@googlemail.com.

37

IM FITNESSSTUDIO - AT THE GYM

Leo: Hey, hast du schon einen Vertrag bei uns?

Mareike: Nein, noch nicht. Ich war letzte Woche zum Probetraining da.

Leo: Und, hat es dir gefallen?

Mareike: Ja, ich würde gerne einen Vertrag bei euch machen. Was habt ihr denn für Optionen? Gibt es auch Verträge, die nur einen Monat lang gehen?

Leo: Nein, leider nicht. Der kürzeste Vertrag geht bei uns ein Jahr lang. Der kostet 20,99 Euro im Monat.

Mareike: Okay, das finde ich preislich auf jeden Fall in Ordnung.

Leo: Ja, aber wenn du den Vertrag nimmst, der zwei Jahre lang geht, dann zahlst du nur 15,99 Euro.

Mareike: Hm, das ist schon um einiges billiger, aber ich weiß nicht, wie lange ich hier noch wohne.

Leo: Außerdem kannst du für 4 Euro monatlich die Sauna dazu buchen. Das Schwimmbad kostet 5 Euro monatlich und die Getränke 6 Euro. Dafür kannst du aber so viel trinken, wie du willst.

Mareike: Ich glaube, ich nehme das Schwimmbad dazu. Ich schwimme wirklich gerne.

Leo: Also dann den Vertrag für ein Jahr?

Mareike: Ja.

Leo: Da kommen anfangs noch 60 Euro Servicekosten dazu. Das ist aber eine einmalige Zahlung.

Mareike: Okay, das ist in Ordnung.

Leo: Alles klar, dann füll einfach dieses Formular aus. Ich müsste dann noch deinen Ausweis sehen.

Mareike: Hier ist er. Ich freue mich schon auf das Training!

AT THE GYM

Leo: Do you have a membership contract with us yet?

Mareike: No, not yet. I've been here for the trial session last week.

Leon: And did you like it?

Mareike: Yes, I would love to close a contract with you. What options do you have? Do you have any memberships that only run for a month?

Leo: No, unfortunately not. The shortest membership with us is a year. It's 20,99 euro a month.

Mareike: Okay, I think the price is okay.

Leo: If you take that contract for two years, it will only be 15,99 euro a month.

Mareike: Hm, that is a lot cheaper, but I don't know how long I'll be living here.

Leo: In addition, you can book the sauna for 4 euro a month. The swimming pool is 5 euro a month and the beverages are 6 euro. But you can drink as much as you like then.

Mareike: I think I'll book the swimming pool in addition. I love swimming.

Leo: So the membership contract for a year?

Mareike: Yes.

Leo: In the beginning you'll have to pay the 60 euro service fee. But it's only a one-time payment.

Mareike: Okay, that's fine.

Leo: Okay, then just fill out this form. I also have to see your ID.

Mareike: Here it is. I'm looking forward to the workout!

38

BEIM FRISEUR - AT THE HAIRDRESSER

Maria: Hallo Marion. Jetzt bist du schon wieder hier. Du warst doch erst vor Kurzem da.

Marion: Ja, aber ich habe mich jetzt dazu entschieden, meine Haarfarbe völlig zu wechseln.

Maria: Wieso das denn? Hast du einen neuen Liebhaber?

Marion: Nein, nein. Ich habe nur schon seit Jahren die gleiche Haarfarbe. Ich finde, es wird Zeit für etwas Neues. Wenn ich zu dir komme, schneiden wir immer nur die Spitzen. Das wird langsam langweilig.

Maria: Da hast du vielleicht recht. Du musst mir nur sagen, was du willst, dann machen wir dir mal etwas Neues. Das ist gar kein Problem.

Marion: Also, ich habe mir überlegt, dass wir meine Haare von dunkelbraun zu blond färben. Ginge das?

Maria: Hm, das könnte schwierig werden. Vielleicht brauchen wir dazu mehrere Termine.

Marion: Das ist kein Problem.

Maria: Bist du dir sicher, dass du das machen willst? Oft sind die Haare danach etwas kaputt.

Marion: Es sind ja nur Haare, die wachsen wieder nach.

Maria: Da hast du recht. Willst du auch etwas von der Länge wegnehmen? Momentan sind deine Haare ja schon sehr lang.

Marion: Nein, ich habe mir schon immer lange blonde Haare gewünscht.

Maria: Wie gesagt, am Anfang sind sie wohl eher dunkelblond. Ich glaube, um sie ganz blond zu bekommen, brauchen wir etwa drei Termine. Wir müssen die Haare wahrscheinlich drei mal bleichen.

Marion: Na gut, dann lass uns einfach anfangen. Ich vertraue dir da.

Maria: Also gut!

AT THE HAIRDRESSER

Maria: Hello Marion. You're here again. You've just been here a short while ago.

Marion: Yes, but I decided to change my hair color completely.

Maria: Why? Do you have a new lover?

Marion: No, no. I've just had the same hair color for so long. I think, it's time for something new. When I come here I always just get my ends trimmed. That's getting boring.

Maria: Maybe you're right. You just have to tell me what you want and we'll do something new. That's not a problem.

Marion: I was thinking about coloring my hair from dark brown to blonde. Would that be possible?

Maria: Hm, that could be difficult. We could need multiple appointments for that.

Marion: That's no problem.

Maria: Are you sure you want to do that? Oftentimes the hair is pretty damaged after that.

Marion: It's just hair, it will grow back.

Maria: You're right. Do you want to take something off the length too? Your hair is very long at the moment.

Marion: No, I always wanted to have long blonde hair.

Maria: As I've said, in the beginning they will be a dark blonde. To get them completely blonde we'll need about three appointments. We'll have to bleach your hair three times.

Marion: Okay, then let's just start. I trust you.

Maria: Alright!

39

FLUGHAFENKONTROLLE - AIRPORT CONTROL

Martina: Legen Sie bitte ihre Tasche auf das Band.

Marco: Kein Problem. Soll ich auch meinen Geldbeutel dazulegen?

Martina: Ja, bitte alle kleinen Gegenstände in diese Box werfen und ebenfalls auf das Band legen. Alles, was Sie haben, muss durch die Kontrolle. Gehen Sie dann bitte durch den Detektor.

Marco: Okay, mache ich.

Martina: Ich sehe hier auf dem Bildschirm, dass Sie noch eine Flasche in Ihrer Tasche haben. Flüssigkeiten sind in der Flughafenkontrolle leider nicht erlaubt.

Marco: Wieso das? Es ist doch nur Wasser.

Martina: Weil es rein theoretisch eine gefährliche Chemikalie sein könnte, mit der Sie eine Bombe bauen können. Wir können nicht alle Flüssigkeiten überprüfen, deswegen verbieten wir sie. Sonst müssten wir die Trinkflasche von jedem Passagier auf Chemikalien analysieren.

Marco: Okay, das verstehe ich. Kann ich die Flasche noch austrinken?

Martina: Ja, das können Sie, wenn Sie so viel auf einmal schaffen.

Marco: Ich habe mir die Flasche gerade erst gekauft, das will ich jetzt nicht verschwenden.

Martina: Lassen Sie sich Zeit, Sie können auch später noch einmal durch die Kontrolle gehen. Welchen Flug nehmen Sie denn?

Marco: Den in 20 Minuten.

Martina: Oh, dann sollten Sie sich wohl lieber beeilen.

Marco: Geben Sie mir zwei Minuten.

AIRPORT CONTROL

Martina: Please put your bag on the band.

Marco: No problem. Should I lay down my wallet as well?

Martina: Yes, please put all the items in the box and on the band. Every single thing you have must be checked. Please go through the detector.

Marco: Okay, I will.

Martina: I can see here on the monitor that you have a bottle in your bag. Fluids are not allowed in airport control.

Marco: Why's that?

Martina: Because theoretically there could be chemicals in there, with which you would be able to build a bomb. We can't check every single fluid so they're all prohibited. Otherwise we would have to analyze every single bottle for chemicals.

Marco: Okay, I understand. Can I drink up the bottle first?

Martina: Yes, you can do that if you can drink that much at once.

Marco: I just bought that bottle, I don't want to waste it.

Martina: Take your time, you can you through the control again later. When is your flight leaving?

Marco: In 20 minutes.

Martina: Then you should hurry up.

Marco: Give me two minutes.

40

ZUGFAHRKARTE VERLOREN - LOST TRAIN TICKET

Manuel: Hallo, haben Sie zufällig eine Fahrkarte auf den Boden gesehen? Ich habe meine gerade verloren. Es war eine Streifenkarte, auf der noch alle Streifen drauf waren.

Anna: Nein, die habe ich leider nicht gesehen. Vielleicht haben Sie die am Automaten verloren?

Manuel: Nein, da habe ich schon geschaut. Dann werde ich mir wohl eine neue kaufen müssen.

Anna: Vielleichten sollten Sie zuerst an der Information nachfragen. Vielleicht wurde dort eine abgegeben. Ich bin mir sicher, ein ehrlicher Mensch hat die Karte gefunden.

Manuel: Naja, das bezweifle ich. Wenn ich eine Streifenkarte auf dem Boden finden würde, würde ich sie vielleicht auch einfach behalten.

Anna: Wirklich? Also ich würde das nicht machen. Man weiß ja nie, in welcher Situation derjenige ist, der sie verloren hat. Ehrlichkeit ist wichtig. Aber wenn Sie die Karte nicht abgeben würden, ist es wahrscheinlich Karma, dass Sie sie verloren haben.

Manuel: Dann gebe ich die Suche wohl lieber auf und versuche in Zukunft ehrlich zu sein.

Anna: Ja, das ist eine gute Idee.

Manuel: Vielleicht können wir uns mal auf einen Kaffee treffen? Dann kann ich beweisen, dass ich doch kein so schlechter Mensch bin.

Anna: Nein, ich denke eher nicht. Ich habe einen Freund.

LOST TRAIN TICKET

Manuel: Hello, have you by any chance seen my train ticket on the floor? I lost it. It was a completely new multi-journey ticket.

Anna: No, I haven't seen it. Maybe you lost it at the ticket machine?

Manuel: No, I already looked there. I'll have to buy a new one then.

Anna: Maybe you should ask at the information desk first. Maybe someone found it. I'm sure, an honest human being found your ticket.

Manuel: Well, I doubt that. If I found a ticket on the floor I would just keep it.

Anna: Really? I wouldn't do that. You never know which situation the person who lost it is in. Honesty is important. But if you wouldn't hand in the ticket I suppose karma won't give you yours back.

Manuel: Then I should give up my search and strive to be more honest in the future.

Anna: Yes, that's a good idea.

Manuel: Maybe we could meet for a coffee sometime? That I can prove to you that I'm not such a bad person after all.

Anna: No, I don't think so. I have a boyfriend.

41

WEGBESCHREIBUNG - DIRECTIONS

Tim: Hallo, wissen Sie, wo es hier zum Rathaus geht?

Stefan: Ja, aber der Weg ist etwas kompliziert. Vielleicht sollten Sie sich das aufschreiben.

Tim: Ja, ich notiere den Weg in meinem Handy.

Stefan: Haben Sie kein Google Maps? Da können Sie sich navigieren lassen.

Tim: Nein, mein mobiles Datenvolumen ist leider aufgebraucht..

Stefan: Okay, dann geht es wirklich nicht. Also zuerst mal müssen Sie die nächste links abbiegen. Dann sehen Sie da ein blaues Haus mit grünen Fensterläden. An diesem Haus müssen Sie dann rechts abbiegen.

Tim: Okay, habe ich notiert.

Stefan: Dann folgen Sie der Straße bis zum Kreisverkehr und nehmen die dritte Ausfahrt.

Tim: Alles klar, weiter?

Stefan: Soweit ich weiß, müssen Sie dann bis zur Sparkasse fahren und dann einfach noch einmal links abbiegen. Das Rathaus sollte dann dort auf der linken Seite sein.

Tim: Okay, wie sieht das Gebäude denn aus? Nicht dass ich es verfehle.

Stefan: Das Rathaus ist hellgrün mit weißen Fenstern. Es ist ein großes Gebäude. Da ist auch ein Schild, auf dem ‚Gemeinde' steht. Vor dem Haus ist auch ein großer Parkplatz, den können Sie nicht verfehlen.

Tim: Vielen Dank! Dann mache ich mich mal auf den Weg.

Stefan: Das finden Sie schon. Viel Glück bei der Suche.

Tim: Danke, einen schönen Tag wünsche ich Ihnen noch.

Stefan: Gleichfalls.

DIRECTIONS

Tim: Hello, do you know which way it is to the town hall?

Stefan: Yes, but the directions are a little bit complicated. Maybe you should write them down.

Tim: Yes' I'll note the way on my phone.

Stefan: Don't you have google maps? Then you can navigate yourself there.

Tim: No, my mobile data is used up.

Stefan: Okay, then you can't do that. So first you need to go left on the next turn. Then you should be able to see a blue house with green shutters. Turn right at that house.

Tim: Okay, got it.

Stefan: Then you just follow the street to the roundabout and take the third exit.

Tim: Okay, next?

Stefan: As far as I know you have to go on until the savings bank and turn left there. The town hall should then be to the left.

Tim: Okay, what does the building look like? I don't want to miss it.

Stefan: It's green with white windows. It's a big building. There is also a sign that says ‚Gemeinde' there. In front of the building there is a big parking lot, which you can't miss.

Tim: Thank you so much! I'll be on my way then.

Stefan: I'm sure you'll find it. Good luck!

Tim: Thanks, have a nice day.

Stefan: You too.

42

TAXI RUFEN - CALLING A CAB

Lina: Hey, ist dort die Taxifirma?

Jan: Ja, Sie sprechen mit Jan. Wie kann ich Ihnen helfen?

Lina: Ich brauche dringend ein Taxi. Ich habe gerade den Bus verpasst und muss zu einem Termin.

Jan: Das ist kein Problem, dafür sind wir ja da. Wo befinden Sie sich denn?

Lina: Ich bin gerade am Rathausplatz an der Bushaltestelle.

Jan: Alles klar, ich gebe Ihren Standort an einen Taxifahrer in der Nähe weiter.

Lina: Wie lang wird es dauern, bis er bei mir ankommt.

Jan: Aus Erfahrung würde ich sagen, etwa 2 Minuten. Auf jeden Fall nicht länger als 5 Minuten. Unsere Taxifahrer sind sehr schnell.

Lina: Super, die letzte Taxifirma hat gute 10 Minuten gebraucht und ich habe dann meinen Termin verpasst. Das war sehr ärgerlich.

Jan: Das wird Ihnen bei uns nicht passieren.

Lina: Oh, ich sehe das Auto schon. Das ist ja wirklich ein unglaublich guter Service. Das waren ja nicht mehr als 2 Minuten.

Jan: Ja, wir sind die schnellsten der Stadt. Wenn Sie noch etwas brauchen, rufen Sie einfach an.

Lina: Mach ich. Vielen Dank für Ihre Hilfe!

Jan: Gerne doch!

CALLING A CAB

Lina: Hey, is this the taxi company?

Jan: Yes, you're talking to Jan. How can I help you?

Lina: I urgently need a taxi. I just missed the bus and have to get to an appointment.

Jan: That's not a problem, that's what we're here for. Where are you?

Lina: I'm at the bus stop at Rathausplatz right now.

Jan: All right, I'll pass your location on to a taxi driver nearby.

Lina: How long will it take until he arrives at my location?

Jan: From experience, I would say about 2 minutes. In any case not longer than 5 minutes. Our taxi drivers are very fast.

Lina: Great, the last taxi company needed a good 10 minutes and then I missed my appointment. That was very annoying.

Jan: That won't happen to you with us.

Lina: Oh, I can see the car already. That's really an incredibly good service. That was no more than 2 minutes.

Jan: Yes, we are the fastest in town. If you need anything else, just give us a call.

Lina: I will. Thank you very much for your help!

Jan: You're Welcome!

43

KATZE ENTLAUFEN - CAT RAN AWAY

Yvonne: Ines, du musst mir unbedingt helfen. Ich finde meine Katze Bella einfach nicht mehr. Ich glaube, sie ist mir weggelaufen.

Ines: Oh nein, bist du dir da sicher? Wann hast du sie denn zum letzten Mal gesehen?

Yvonne: Gestern früh, als ich sie gefüttert habe. Das mache ich immer vor der Arbeit. Danach mache ich die Katzenklappe auf, damit sie frei im Garten herumlaufen kann. Abends kommt sie dann immer wieder zurück, weil ich ihr dann Nassfutter gebe.

Ines: Vielleicht hat sie diesmal jemand anders gefüttert, und deswegen ist sie gestern Abend nicht nach Hause gekommen?

Yvonne: Ja, aber dann wäre sie ja in der Früh wieder gekommen.

Ines: Ich will dich ja nicht beunruhigen, aber es kann auch sein, dass sie jemand geklaut hat.

Yvonne: Daran will ich gar nicht denken.

Ines: Zuerst einmal solltest du deine Nachbarn benachrichtigen. Sie sollen in ihren Kellern und Garagen nachsehen, ob sie deine Bella aus Versehen eingesperrt haben.

Yvonne: Stimmt, das kann sein.

Ines: Wenn wir sie dann noch nicht gefunden haben, drucken wir Bilder von ihr aus und hängen sie in der Nachbarschaft auf. So sieht jeder, dass Bella weg ist und irgendwer wird sie sicher wieder finden.

Yvonne: Das ist eine gute Idee. Danke, dass du mir hilfst. Ich weiß nicht, ob ich das alleine schaffen würde.

Ines: Das ist doch selbstverständlich. So etwas tun Freunde eben.

Yvonne: Auf dich kann man sich immer verlassen.

CAT RAN AWAY

Yvonne: Ines, you have to help me. I just can't find my cat Bella. I think she ran away.

Ines: Oh, no, are you sure? When did you see her last?

Yvonne: Yesterday morning, when I fed her. I always do that before work. After that I open the cat door so she can run around in the garden. She always comes back in the evening when I feed her again.

Ines: Maybe someone else fed her so she didn't need to come back to you yesterday evening?

Yvonne: Yes, but then she would have come back in the morning.

Ines: I don't want to worry you but maybe someone stole her.

Yvonne: I don't even want to think about that.

Ines: First of all you should tell the neighbors. They should check their basements and garages if they accidentally locked her in.

Yvonne: Yes, that's possible.

Ines: If we still haven't found her then we can hang up pictures of her in the neighborhood. That way everyone can see that Bella is missing and someone will find her.

Yvonne: That's a good idea. Thanks for helping me. I don't know if I could do it alone.

Ines: Of course I'll help you. That's what friends do.

Yvonne: I can always rely on you.

44

WEGGEHEN - GOING OUT

Melina: Hey, Sarah. Gehst du heute auch mit in den Club?

Sarah: Ich weiß nicht. Eigentlich wollte ich heute etwas mit meinem Freund machen. Wir haben uns seit einer Woche nicht mehr gesehen.

Melina: Und wir waren schon seit einem Monat nicht mehr zusammen weg. Es wird endlich wieder einmal Zeit, dass wir feiern. Schließlich ist es das Ende des Semesters!

Sarah: Ja, du hast ja recht. Aber irgendwie bin ich heute auch nicht so in Partystimmung. Ich will eigentlich einfach nur zu Hause bleiben und einen Film schauen.

Melina: Ach komm. Das ist doch sowas von langweilig. Du bist jung! Das musst du doch genießen. Sonst wirst du es später einmal bereuen!

Sarah: Ja, aber ich kann es auch genießen, wenn ich nicht jedes Wochenende weggehe. Zu Hause ist es doch immer noch am schönsten. Außerdem muss ich morgen arbeiten. Da kann ich es mir nicht leisten, einen Kater zu haben.

Melina: Du musst ja nichts trinken.

Sarah: Wenn ich keinen Alkohol trinke, halte ich die laute Musik und die vielen Leute nicht aus, das weißt du. Also entweder ich gehe betrunken aus oder ich bleibe zu Hause.

Melina: Ach, meinetwegen. Dann komm eben nicht mit. Die anderen aus unserem Freundeskreis kommen aber auch. Nur du fehlst immer, seitdem du einen Freund hast. Ich finde das wirklich schade.

Sarah: Warte nur bis du mal in einer Beziehung bist. Dann wirst du mich verstehen. Du gehst doch auch nur weg um jemanden kennenzulernen.

Melina: Da hast du wohl recht.

GOING OUT

Melina: Hey, Sarah. Are you going to the club tonight?

Sarah: I don't know. I actually wanted to something with my boyfriend. We haven't seen each other in a week.

Melina: And we haven't gone out together in a month. It's about time we go out and party again. After all, it's the end of the semester!

Sarah: Yes, you're right. But I'm not really in the mood for a party. I actually want to stay home and watch a movie.

Melina: Come on. That's so boring. You're young! You have to enjoy that, otherwise you will regret it someday!

Sarah: Yes, but I can also enjoy it if I don't go out every weekend. Home is where the heart is. In addition to that I have to go to work tomorrow. I can't afford having a hangover.

Melina: You don't have to drink.

Sarah: If I don't drink I won't be able to bear

all the people and loud music, you know that. So either I go out drunk or I stay at home.

Melina: As you wish. Then stay at home. But the others from our friend group are coming too. It's only you that is missing since you have a boyfriend. I think that's a shame.

Sarah: Just wait until you are in a relationship. Then you'll understand me. You just go out because you want to meet someone too.

Melina: You're right.

45

IM KRANKENHAUS - AT THE HOSPITAL

Noah: Schwester, können Sie mir noch einen Tee bringen? Meiner ist seit langem kalt.

Lara: Warum haben Sie ihn denn nicht getrunken? Wenn ich Ihnen jetzt noch einen bringe, lassen Sie ihn bestimmt wieder stehen.

Noah: Nein, ich habe nur vergessen, dass Sie mir einen Tee gebracht haben. Dieses Mal trinke ich ihn.

Lara: Na gut. Haben Sie Ihre Medizin schon genommen?

Noah: Nein, noch nicht.

Lara: Sie sind jetzt seit ein paar Wochen auf dieser Station. Denken Sie nicht, dass Ihre Frau Sie mal wieder zu Hause sehen will? Wenn Sie die Medikamente nicht nehmen, kann Ihre Frau darauf lange warten.

Noah: Auch das habe ich vergessen. Ich nehme die Medikamente dann gleich mit dem Tee zusammen.

Lara: Was haben Sie denn alles Wichtiges zu tun, dass Sie so viel vergessen? Immerhin liegen Sie ja nur im Bett.

Noah: Ja, aber das TV-Programm ist wirklich unterhaltsam. Da kann ich kaum wegschauen.

Lara: Vielleicht sollte ich dann mal an der Rezeption sagen, dass Sie Ihnen das Programm ausschalten sollen. Anscheinend ist das ja schlecht für Ihre Gesundheit.

Noah: Aber dann müsste ich mich den ganzen Tag mit Ihnen unterhalten. Dann würden Sie sich genauso beschweren.

Lara: Um Gottes Willen. Dann schauen Sie lieber weiter Fernsehen. Hier ist Ihr Tee. Aber Vorsicht, der ist noch heiß.

Noah: Oh, ich stelle ihn lieber eine Weile hierher, damit er noch ein bisschen abkühlen kann. Geben Sie mir bitte die Fernbedienung?

AT THE HOSPITAL

Noah: Nurse, can you bring me a tea? Mine is cold.

Lara: Why didn't you drink it? If I bring you another one you will leave it standing again.

Noah: No, I just forgot that you brought me tea. This time I'll drink it.

Lara: Fine. Did you take your medicine?

Noah: No, not yet.

Lara: You've been at this station for a few weeks now. Don't you think your wife wants to see you at home for a change? If you don't take the medicine, she can wait a long time for that to happen.

Noah: I forgot that too. I'll take the medicine with the tea.

Lara: What important things are you doing that you forget so much? After all you're just lying in your bed.

Noah: Yes, but the TV program is very entertaining. I can barely look away.

Lara: Maybe I should tell the reception they should cut off your TV then. Apparently it's bad for your health.

Noah: But then I'd have to talk to you the whole day. Then you would complain too.

Lara: Oh god. Then I would rather prefer, you keep on watching TV. Here is your tea. But be careful, it's hot.

Noah: Oh, then I'll set it on the table for a while so that it can cool down. Can you hand me the remote?

46

SNOWBOARDFAHREN - SNOWBOARDING

Emilia: Wollen wir dieses Jahr noch Snowboard fahren gehen? Ich bin wirklich schon lange nicht mehr gefahren. Langsam kann ich es bestimmt nicht mehr.

Elias: Ach Quatsch, das verlernt man nicht. Das ist wie Fahrradfahren. Wann hast du denn Zeit?

Emilia: Also, im Februar muss ich für meine Prüfungen lernen. Da geht es leider gar nicht. Im März hätte ich allerdings wieder Zeit. Aber erst nach der letzten Prüfung.

Elias: Hm, das könnte schwierig werden. Ich habe gehört, dass es dieses Jahr mit dem Schnee wirklich schlecht aussieht. Sogar im Dezember müssen die Pisten schon Kunstschnee verwenden. Wie sieht es wohl erst im März aus?

Emilia: Auf den Internetseiten der Pisten habe ich gelesen, dass die Saison teilweise sogar bis April geht. Also, da sollten wir kein Problem haben.

Elias: Dass die Pisten noch geöffnet haben, ist mir schon klar. Aber willst du wirklich bei 12°C im Kunstschnee Snowboard fahren? Da können wir ja fast schon mit T-Shirt raus.

Emilia: Aber sonst habe ich leider keine Zeit. Ich muss lernen.

Elias: Kannst du dir nicht dieses Wochenende noch frei nehmen? Du bist doch sowieso eine gute Studentin. Bisher hattest du immer mindestens eine Zwei. Diesmal wird es nicht anders sein, nur weil du ein Wochenende nicht gelernt hast.

Emilia: Vielleicht hast du recht, ich schaue mal, was sich machen lässt. Aber dann werde ich zumindest auf der Fahrt lernen.

Elias: Das kannst du machen. Dann nehme ich eben meine Kopfhörer mit und beschäftige mich mit etwas anderem.

SNOWBOARDING

Emilia: Do you still want to go snowboarding this year? I haven't been for a really long time. I'm sure I don't even know how to do it anymore.

Elias: Bollocks, you don't just unlearn that. It's like riding a bike. When do you have time?

Emilia: In February I have to study for my exams. I don't have time then. But in March we can go after my last exam.

Elias: Hm, that could be a problem. I heard that the snow isn't that good this year. They already had to use artificial snow in December. I can't imagine how that will look in March.

Emilie: On the ski runs' website I read that the season doesn't end until April. We shouldn't have a problem there.

Elias: I'm aware that the ski runs are open until then. But do you really want to go snowboarding in artificial snow at 12°C? We can go out in t-shirts by this time.

Emilia: But I don't have time. I have to study.

Elias: Can't you just take this one weekend off? You're a good student anyway. You've always had at least a B in the exams. It won't be different this time, just because you didn't study this weekend.

Emilia: Maybe you're right. I'll see what I can do. But then I'll at least study on the way there.

Elias: You can do that. I'll bring my headphones and do something else.

47

KLIMAERWÄRMUNG - CLIMATE CHANGE

Linus: Hast du es schon gehört? In Norddeutschland regnet es anscheinend so sehr, dass das Wasser auf den Straßen 20cm hoch steht.

Liam: Ja, also ich glaube ja, dass das an der Klimaerwärmung liegt. Bisher hatten wir noch nie solche großen Unwetter, Stürme und Trockenperioden. Hast du das von Kalifornien schon gehört? Die haben da drüben eine echte Wassernot.

Linus: Ja, schon. Aber ich denke nicht, dass wir kurz vor dem Weltuntergang stehen. Ja, es ist ein wenig wärmer. Aber nicht so sehr, dass wir bald kein Wasser mehr haben werden.

Liam: Wer weiß. Vielleicht ist es sogar schlimmer als wir denken und die Regierung hält es vor uns geheim. Vielleicht kostet das Wasser bald 5 Euro pro Liter.

Linus: Dann musst du dir wohl einen neuen Nebenjob suchen und das mit dem täglichen Pizza-Lieferdienst sein lassen.

Liam: Aber mal ernsthaft. Erinnerst du dich noch an das letzte Weihnachten? Da konnten wir mit T-Shirts rausgehen. An Weihnachten sind wir bei 10°C in der Sonne gelegen. Das kann einfach nicht normal sein.

Linus: Wusstest du, dass die Römer niemals Winterklamotten getragen haben? Nicht einmal in Deutschland. So warm war es damals. Es war eine Wärmeperiode der Erde. Also ich würde mich freuen, wenn es wieder so wird. Ich hasse den Winter.

Liam: Nein wusste ich nicht. Ich mag den Winter zwar auch nicht, aber die Klimaerwärmung macht mir schon ein bisschen Angst. Schließlich will ich mal Kinder haben!

Linus: Man dir einfach keine Sorgen und fahr öfter mit dem Fahrrad.

CLIMATE CHANGE

Linus: Have you heard? In Northern Germany it's raining so much that the water in the streets is 20cm high.

Liam: Yes, if you ask me that's because of climate change. Until now we didn't have weathers, storm or dry periods that were as bad. Did you hear about California? They have a real water shortage over there.

Linus: Yes, I did. But I don't think we're facing the end of the world yet. Yes, it's a little warmer. But not so bad that we won't have any water left soon.

Liam: Who knows. Maybe it's worse than we think and the government is keeping it from us. Maybe soon the water will cost 5 euro per liter.

Linus: Then you'll have to get a new side job and stop ordering pizza every day.

Liam: But seriously. Do you remember last Christmas? We could go out in t-shirts then. We could lay in the sun at 10°C. That can't be normal.

Linus: Did you know that the Romans never went out in winter clothes? Not even in Germany. That's how warm it was back then. It was a warm period of the earth. I would love it if it got like that again. I hate winter.

Liam: No, I didn't know that. I don't like winter either but climate change still scares me. After all I want to have kids someday!

Linus: Just stop worrying and go by bike more often.

48

GELDBEUTEL VERLOREN - LOST WALLET

Levi: Hallo, haben Sie vielleicht einen Geldbeutel gefunden? Er ist aus braunem Leder. Ich habe ihn vorhin dort drüben verloren, glaube ich zumindest.

Julian: Nein, tut mir leid. Ich habe keinen Geldbeutel gefunden. Aber hier laufen so viele Menschen vorbei, dass irgendjemand ihn garantiert gefunden hat. Wie lange ist es denn genau her, dass Sie ihn verloren haben?

Levi: Das war etwa vor einer halben Stunde. Ich habe es erst gerade eben gemerkt, als ich eine Busfahrkarte kaufen wollte.

Julian: Derjenige, der Ihren Geldbeutel gefunden hat, ist schon lange weg, das kann ich Ihnen versichern. Sie können höchstens darauf warten, dass er im Fundbüro des Rathauses abgegeben wird. Vielleicht haben Sie ja Glück und der Finder ist ehrlich.

Levi: Das hoffe ich auch. Ich würde auch einen guten Finderlohn bezahlen. So viele Karten, wie da drin sind, kostet es ein Vermögen die alle nachmachen zu lassen. Allein der Führerschein und der Ausweis kosten mehr als 100 Euro.

Julian: Vergessen Sie nicht, alle Ihre Kreditkarten direkt sperren zu lassen. Das war zwar erst vor einer halben Stunde, aber Sie würden sich wundern, was man in dieser Zeit alles kaufen kann.

Levi: Sie haben recht! Ich rufe sofort bei meiner Bank an. Danke!

Julian: Gern geschehen. Wie kommen Sie denn nach Hause?

Levi: Das ist eine gute Frage. Die Busfahrkarte kann ich jetzt wohl vergessen.

Julian: Wo müssen Sie denn hin? Ich bin mit dem Auto da.

Levi: Ich muss etwa 5 km Richtung Süden.

Julian: Ich muss auch Richung Süden, da kann ich Sie gerne mitnehmen.

Levi: Vielen Dank, das nehme ich gerne an.

LOST WALLET

Levi: Hello, have you found a wallet? It's brown leather. I lost it over there earlier, at least I think so.

Julian: No, I'm sorry. I haven't found a wallet. But there are so many people walking by, somebody's guaranteed to have found it. How long exactly has it been since you lost it?

Levi: That was about half an hour ago. I just noticed it when I was about to buy a bus ticket.

Julian: The one who found your wallet is long gone, I can assure you. You can only wait for it to be handed in at the lost and found office of the town hall. Maybe you'll get lucky and the finder's honest.

Levi: I hope so too. I'd pay a good finder's fee, too. As many cards as there are in there, it costs a fortune to have them all replaced The driving license and identity card alone cost more than 100 euros.

Julian: Don't forget to have all your credit cards blocked directly. That was only half an hour ago, but you would wonder how much you can buy in that time.

Levi: You're right! I'll call my bank right away. Thank you.

Julian: You're welcome. How do you get home?

Levi: That's a good question. I guess I can forget about the bus ticket now.

Julian: Where do you have to go? I'm here by car.

Levi: I have to go about 5 km south.

Julian: I also have to go south, I can take you there.

Levi: Thank you very much, I'm happy to accept that.

49

FERTIGMACHEN - GETTING READY

Emma: Ich weiß einfach nicht, was ich auf der Hochzeit meines Bruders anziehen soll.

Sofie: Na, ein Kleid natürlich, was denn sonst? Du willst wohl einen Anzug anziehen.

Emma: Ja, das stimmt schon. Aber ich weiß einfach nicht, welches. Ich trage kaum Kleider. Zuhause habe ich nur noch das Kleid von meinem Abschlussball. Und das ist etwa 7 Jahre her. Da passe ich auf keinen Fall mehr rein.

Sofie: Dann musst du dir wohl ein neues zulegen. Ich kenne da ein paar tolle Läden in der Stadt. Da habe ich auch ein Kleid für die Weihnachtsfeier in der Arbeit gekauft. Meine Kollegen waren ganz begeistert.

Emma: Ich finde einfach nicht, dass mir Kleider gut stehen. Ich sehe darin einfach nicht wie ich selbst aus. Sonst trage ich auch immer nur Jeans und ein T-Shirt.

Sofie: Das liegt daran, dass du nie ein ganzes Outfit kaufst. Mit einem Kleid kannst du nicht die Schuhe tragen, die du zu Hause hast. Wenn, dann muss alles zusammenpassen. Sogar dein Make-up.

Emma: Ich schminke mich nie und habe auch absolut keine Ahnung, wie das geht.

Sofie: Dann wird es langsam mal Zeit. Ich kann ja vor der Hochzeit zu dir kommen und dir ein bisschen helfen. Wir schminken dich und machen dir die Haare, dann wirst du schon zu deinem Kleid passen.

Emma: Wenn du das sagst. Aber dann musst du das Make-up mitbringen. Ich habe zu Hause nur einen Mascara, und der ist ganz sicher schon eingetrocknet.

Sofie: Ja, mache ich. Ich nehme außerdem einen Lockenstab mit. Deine Frisur passt auch nicht zu einem Kleid.

GETTING READY

Emma: I just don't know what to wear at my brother's wedding.

Sofie: Well, a dress of course, what else? You must want to wear a suit.

Emma: Yeah, that's right. But I just don't know which one. I barely wear dresses. All I have left at home is my prom dress. And that was about seven years ago. There's no way I can fit in there anymore.

Sofie: Then you must get yourself a new one. I know some great places in town. I also bought a dress for the Christmas party at work. My colleagues were thrilled.

Emma: I just don't think dresses look good on me. I just don't look like myself in it. All I usually wear is jeans and a t-shirt.

Sofie: That's because you never buy a whole outfit. With a dress, you can't wear the shoes you have at home because everything has to fit together. Even your makeup.

Emma: I never put on makeup, and I have absolutely no idea how to do it.

Sofie: Then it's about time. I can come to you before the wedding and help you a little. We'll make you up and do your hair, then you'll go with your dress.

Emma: If you say so. But then you have to bring the makeup. I only have one mascara at home, and it's probably already dried up.

Sofie: Yes, I will. I'll also take a curling iron. Your hair doesn't match a dress, either.

50

HOSEN KAUFEN - BUYING PANTS

Lilli: Hallo, können Sie mir helfen? Ich finde diese Hosen einfach nicht in meiner Größe. Ich suche schon seit einer halben Stunde.

Josi: Das ist gar kein Problem. Sie hätten ruhig früher etwas sagen können. Dafür bin ich ja schließlich da. Soll ich Ihnen noch ein paar andere Hosen in Ihrer Größe bringen?

Lilli: Das wäre wirklich super. Ich brauche sonst immer so lange, bis ich eine passende Hose finde. In den meisten Läden fallen die Größen viel zu klein aus.

Josi: Ja, das ist mir auch schon aufgefallen. Da denkt man immer, man hat zugenommen, obwohl sich nur die Größen geändert haben. Was haben Sie denn für eine Größe?

Lilli: 38 oder M. Mittlerweile werden die Größen auch mit komischen Zahlen angegeben, so dass ich mich gar nicht mehr auskenne.

Josi: Ja, das sind die Größen aus Amerika. Weil viele der Klamotten von amerikanischen Designern und Firmen stammen, wurde das jetzt auch in Deutschland durchgesetzt. Davon sind viele Kundinnen verwirrt. Hier habe ich ähnliche Hosen in Ihrer Größe. Wollen Sie die mal anprobieren?

Lilli: Oh, danke. Die gefallen mir sehr gut. Bringen Sie mir die gleichen lieber nochmal eins größer. Für mich sehen die Hosen etwas klein aus.

Josi: Da haben Sie recht. Gehen Sie einfach schon mal in die Umkleidekabine. Ich bringe Ihnen dann ein paar unterschiedliche Hosen. Wie viel darf es denn kosten?

Lilli: Also 80 Euro werde ich schon ausgeben. Natürlich freue ich mich auch, wenn es nicht ganz so teuer wird.

Josi: Alles klar. Ich suche Ihnen passende Hosen aus.

BUYING PANTS

Lilli: Hello, can you help me? I just can't find these pants in my size. I've been looking for half an hour.

Josi: That's no problem at all. You could have said something earlier. That's what I'm here for. Would you like me to get you some other pants your size?

Lilli: That would be really great. It usually takes me really long to find a pair of pants that fit. In most shops the sizes are way too small.

Josi: Yes, I already noticed that. You always think you've gained weight, although it's the sizes that changed. What's your size?

Lilli: 38 or M. Meanwhile the sizes are indicated with strange numbers, so that I don't know what to do anymore.

Josi: Yes, these are from America. Because many of the clothes come from American designers and companies, this has now also been enforced in Germany. Many customers are confused about that. Here I have similar pants in your size. Would you like to try these on?

Lilli: Oh, thank you. I like them very much. Please bring me the same ones but bigger. The pants look a little small for me.

Josi: You're right. Just go into the locker room. I'll bring you some different pants. How much can they cost?

Lilli: I'd agree on spending 80 euro. Of course I'm happy if it doesn't get that expensive.

Josi: All right. I'll find you some pants.

51

STRANDAKTIVITÄT - BEACH ACTIVITY

Samuel: Hier ist es wirklich schön.

David: Finde ich auch. Willst du nochmal ins Wasser gehen?

Samuel: Nein, wir waren jetzt schon so oft im Wasser.

David: Aber ich habe keine Lust mehr, mich zu sonnen.

Samuel: Ich auch nicht. Hast du vielleicht einen Volleyball mitgebracht? Dann können wir da drüben auf dem Feld spielen. Ich würde schon gerne irgendetwas Lustiges machen.

David: Das wäre jetzt wirklich cool, aber ich habe keinen Ball dabei. Ich habe nur ein Buch mitgenommen.

Samuel: Ein Buch kann man schlecht zu zweit lesen. Wir können uns aber auch den anderen anschließen, die gerade Volleyball spielen.

David: Das ist mir aber peinlich. Ich spiele ziemlich schlecht. Lass uns einfach ein Eis essen gehen. Da drüben ist ein Restaurant, da gibt es sicher etwas.

Samuel: Na gut. Ich bin auch nicht besonders gut. Hast du Geld für das Eis dabei?

David: Ja, habe ich.

Samuel: Ich sehe gerade, dass ich meinen Geldbeutel im Auto gelassen habe. Gibst du mir das Eis aus?

David: Klar, wenn du mir dafür morgen eines ausgibst.

Samuel: Abgemacht. Was machen wir danach?

David: Wir kaufen uns ein paar Luftmatratzen und lassen uns einfach mal treiben.

Samuel: Das ist wirklich eine gute Idee. Ich habe auf dem Hinweg hierher einen Laden gesehen. Aber da müssen wir aufpassen, dass wir nicht abtreiben.

David: Ja, das schaffen wir schon.

BEACH ACTIVITY

Samuel: It's really nice here.

David: I agree. Do you want to go in the water again?

Samuel: No, we have been in the water so many times now.

David: But I don't feel like sunbathing anymore.

Samuel: Neither do I. Did you bring a volleyball? Then we can play over there on the field. I'd like to do something fun.

David: That would be really cool right now, but I don't have a ball with me. I only brought one book with me.

Samuel: Two people can't read a book together at once. We can also join others who are currently playing volleyball.

David: That's embarrassing. I play pretty badly. Let's just go get some ice cream. There's a restaurant over there, I'm sure they have something.

Samuel: Alright. I'm not very good either. Do you have any money for the ice cream?

David: Yes, I do.

Samuel: I just noticed that I left my wallet in the car. Can you buy me the ice cream?

David: Sure, if you buy me one tomorrow.

Samuel: Deal. What do we do afterwards?

David: We buy some air mattresses and just float around on them.

Samuel: That's a really good idea. I saw a store on the way over. But we have to be careful not to drift away.

David: Yes, we should do that.

52

AUTO KAUFEN - BUYING A CAR

Henrik: Welches Auto würdest du nehmen? Ich habe jetzt schon lange den Kia Picanto im Auge. Das Auto eignet sich perfekt für mich, finde ich.

Ben: Wieso denn? Das Auto ist doch für Frauen. Oder für Familien mit Kindern.

Henrik: Weil es klein und kompakt ist und nicht so sehr auffällt. Ich mag keine protzigen Autos. Es soll einfach billig und praktisch sein.

Ben: Na, das ist es auf jeden Fall. Ich persönlich mag schöne Autos sehr gerne. Am besten gefällt mir der neue Mercedes. Der ist auch wesentlich schneller als dein Kia.

Henrik: Klar ist ein Mercedes cooler, aber wer soll das denn bezahlen? So viel Geld habe ich auch wieder nicht.

Ben: Hast du schon einmal daran gedacht, gebraucht zu kaufen? Das habe ich auch gemacht und mein Auto fährt immer noch einwandfrei. Gebrauchtwagen sind meistens immer noch in einem sehr guten Zustand. Und der Preisunterschied ist sehr groß.

Henrik: Ja schon, aber wo soll ich da denn suchen? Ich weiß nicht, ob ich den Anbietern im Internet in diesem Punkt vertrauen kann. Da sind einige Leute, die nicht die besten Absichten haben, denke ich.

Ben: Also ich habe meinen auf Ebay gekauft. Du musst das Auto eben vorher anschauen. Dann weißt du, ob es ein gutes Angebot ist.

Henrik: Nein, weiß ich nicht, weil ich gar keine Ahnung von Autos habe. Außerdem kannst du ja nicht in den Motor hineinschauen. Vielleicht ist etwas kaputt, was du nicht sehen kannst.

Ben: Ja, das kann immer passieren. Aber selbst, wenn du es reparieren lässt, ist es billiger als ein Neuwagen.

Henrik: Da hast du wohl recht. Ich sehe mich mal im Internet um.

BUYING A CAR

Henrik: Which car would you buy? I've had my eye on the Kia Picanto for a long time now. The car's perfect for me, I think.

Ben: Why? This car is for women. Or for families with children.

Henrik: Because it's small and compact and doesn't attract much attention. I don't like showing off with cars. It's supposed to be cheap and practical.

Ben: Well, it definitely is. Personally, I like beautiful cars very much. I like the new Mercedes best. It's a lot faster than your Kia, too.

Henrik: Of course a Mercedes is cooler, but who's going to pay for it? I don't have that kind of money.

Ben: Have you ever thought about buying a used one? That's what I did and my car is still working fine. Used cars are mostly still in very good condition. And the price difference is very big.

Henrik: Yes, but where should I look? I don't know if I can trust the providers on the internet. I think there are some people who don't have the best intentions.

Ben: I bought mine on eBay. You'll just have to see the car first. Then you know if it's a good offer.

Henrik: No, I don't know, because I don't know anything about cars. Besides, you can't look inside the machinery. Maybe something's broken that you can't see.

Ben: Yes, that can always happen. But even if you get it fixed, it's cheaper than a new car.

Henrik: You're probably right. I'm gonna take a look on the Internet.

53

MÖBEL UMSTELLEN - REARRANGING FURNITURE

Finn: Ich finde, so wie das Wohnzimmer jetzt ist, steht die Couch im Weg.

Lea: Findest du? Aber du wolltest sie doch beim Einzug so hinstellen. Wir können das Wohnzimmer gerne umstellen, aber da müssen wir uns den ganzen Tag dafür frei nehmen.

Finn: Ja, aber jetzt gefällt es mir so nicht mehr. Wieso denn? Das geht doch ganz schnell.

Lea: Nein, weil wir dann auch gleichzeitig sauber machen müssen. Da kommt bestimmt eine Menge Staub heraus.

Finn: Das bisschen haben wir doch gleich weggesaugt. Ich wette, das schaffen wir heute noch.

Lea: Nein, weil wir den Schrank dann auch verschieben müssen, sonst passt die Couch nicht rein. Und den Schrank müssen wir vorher ein bisschen ausräumen, da sonst Dinge herausfallen und kaputt gehen könnten.

Finn: Das kann tatsächlich etwas länger dauern. Wo würdest du die Couch denn gerne hinstellen?

Lea: Etwas weiter von der Türe entfernt, damit man leichter reingehen kann. Vielleicht links neben das Fenster?

Finn: Ja, so habe ich mir das auch vorgestellt. Lass und das einfach am Sonntag machen, da müssen wir ja beide nicht arbeiten.

Lea: Aber am Sonntag darf man eigentlich nicht so viel Lärm machen. Dann beschweren sich bestimmt die Nachbarn.

Finn: Ach Quatsch. Wir halten einfach die Mittagsruhe ein und sind bis zum Abend fertig. Dann kann niemand was sagen. Außerdem sind wir sonst auch immer sehr leise.

Lea: Na gut, dann machen wir es da. Ich räume dann schon mal den Schrank aus, dann haben wir am Sonntag nicht so viel zu tun.

Finn: Super.

REARRANGING FURNITURE

Finn: The way the living room is now, the couch is in the way.

Lea: Do you think so? But that's how you wanted it to be when we moved in. We can rearrange the living room, but we have to take the whole day off.

Finn: Yes, but now I don't like it anymore. Why should we take the day off? It'll only take a minute.

Lea: No, because then we also have to clean at the same time. There will be a lot of dust coming up.

Finn: We can vacuum that right away. I bet we can still do this today.

Lea: No, because then we would also have to move the cupboard, otherwise the couch won't fit in. And we have to clean out the cupboard a bit first, otherwise things could fall out and break.

Finn: This could actually take a little longer. Where would you like to put the couch?

Lea: A little further away from the door to make it easier to go in. Maybe to the left of the window?

Finn: Yeah, that's what I had in mind. Let's just do this on Sunday, we both don't have to work on that day.

Lea: But on Sunday you shouldn't make so much noise. I'm sure the neighbors will complain.

Finn: Oh, nonsense. We'll just take a midday rest and be done by the evening. Then nobody can say anything. Besides, we're always very quiet.

Lea: All right, let's do it then. I'll clean out the closet, then we won't have so much to do on Sunday.

Finn: Perfect.

54

IM ZOO - AT THE ZOO

Leonie: Ich finde es hier so schön. Ich habe noch nie so viele verschiedene Tiere an einem Tag gesehen.

Paul: Warst du denn noch nie in einem Zoo?

Leonie: Nein, meine Mutter mag keine Zoos, weil ihr die Tiere leid tun. Sie findet, Zoos sind Gefängnisse für Tiere. Deshalb will sie das nicht unterstützen.

Paul: Also hast du noch nie ein Wildtier gesehen?

Leonie: Doch, einmal waren wir im Zirkus, und da war eine Show mit Tigern.

Paul: Also, das ist wirklich Tierquälerei. Hat das deine Mutter nicht gestört?

Leonie: Ich war da mit meiner Oma.

Paul: Ach so, das wäre sonst wirklich komisch gewesen. Willst du noch die Zebras anschauen oder direkt zu den Kängurus gehen?

Leonie: Natürlich will ich die Zebras sehen! Ein Zebra habe ich wirklich noch nie in echt gesehen. Ich bin schon so gespannt.

Paul: Warte erst bis du die Elefanten und Nashörner siehst. Das sind so mächtige Tiere.

Leonie: Ja, aber vor denen habe ich ein bisschen Angst. Die könnten sicher auch ausbrechen und uns überrennen, wenn sie wollten.

Paul: Dafür gibt es ja die Zoowärter. Uns passiert schon nichts. Elefanten sind außerdem friedliche Tiere, wenn sie richtig behandelt werden.

Leonie: Ja, aber wer weiß wie die Tiere hier behandelt werden. Meine Mutter sagt immer, dass hier keine netten Zoowärter arbeiten.

Paul: Naja, vielleicht hat sie ja recht. Aber trotzdem muss man mindestens einmal im Leben in einem Zoo gewesen sein. Sonst hast du die Tiere ja nie im echten Leben gesehen, sondern immer nur in Filmen.

Leonie: Ja, ich bin froh, dass wir hier sind.

AT THE ZOO

Leonie: I think it's so beautiful here. I've never seen so many different animals in one day.

Paul: Haven't you ever been to a zoo?

Leonie: No, my mother doesn't like zoos because she feels sorry for the animals. She thinks zoos are prisons for animals. That's why she doesn't want to support it.

Paul: So you've never seen a wild animal before?

Leonie: Yes, once we were in the circus, and there was a show with tigers.

Paul: This is real cruelty to animals. Didn't that bother your mother at all?

Leonie: I was there with my grandma.

Paul: Oh well, that would have been really funny otherwise. Do you still want to look at the zebras or go straight to the kangaroos?

Leonie: Of course I want to see the zebras! I've never really seen a zebra in real life before. I'm so excited.

Paul: Wait till you see the elephants and rhinos. They're such powerful animals.

Leonie: Yes, but I'm a little afraid of them. I'm sure they could break out and run us over if they wanted to.

Paul: That's what the zookeepers are here for. Nothing is going to happen to us. Elephants are peaceful animals when treated properly.

Leonie: Yes, but who knows how the animals are treated here. My mother always says there aren't any nice zookeepers working here.

Paul: Well, maybe she's right. But you still have to see the zoo at least once in your life. Otherwise you've never seen the animals in real life, only in movies.

Leonie: Yes, I'm glad we're here.

55

BEIM ARZT - AT THE DOCTOR'S OFFICE

Maximilian: Hallo, was haben Sie denn für Beschwerden? Ich sehe hier, dass Sie angegeben haben, wegen Halsschmerzen hier zu sein.

Lukas: Ja, seit gestern morgen habe ich schlimme Halsschmerzen. Dazu noch Kopfweh, Schwindel und Übelkeit. Ich fühl mich einfach allgemein etwas krank.

Maximilian: Das hört sich nach einer klassischen Erkältung an. Da können Sie eigentlich nicht viel dagegen tun, außer sich auszuruhen.

Lukas: Ich muss aber die ganze Woche in die Arbeit, also für Ruhe bleibt da nicht viel Zeit.

Maximilian: Das ist kein Problem, ich schreibe Ihnen ein Attest für mindestens 3 Tage. Diese 3 Tage sollten Sie aber im Bett verbringen. Ich kann Ihnen außerdem ein paar Medikamente zur Linderung verschreiben, wenn Sie wollen.

Lukas: Okay, mache ich. Ja, das wäre wirklich sehr gut. Sonst kann ich nachts nicht einmal schlafen, wenn mein Kopf und mein Hals so weh tun.

Maximilian: Ich verschreibe Ihnen ein Aspirin und Halsbonbons zum Lutschen. Dann sollte es Ihnen schnell besser gehen.

Lukas: Wie schnell?

Maximilian: Also generell hält eine gewöhnliche Erkältung nicht länger als eine Woche. Zumindest was Hals- und Kopfweh angeht. Es kann sein, dass Sie nach einer Woche noch Husten oder andere leichte Beschwerden haben. Aber nach höchstens 3 Wochen ist das wieder weg.

Lukas: Alles klar, dann muss ich mir ja keine Sorgen machen. Danke für Ihre Hilfe, Doktor.

Maximilian: Kein Problem, das ist immerhin mein Beruf. Eine gute Besserung wünsche ich Ihnen!

Lukas: Vielen Dank!

AT THE DOCTOR'S OFFICE

Maximilian: Hello, what kind of complaints do you have? I see that you stated to be here because of a sore throat.

Lukas: Yes, since yesterday morning I have a sore throat. Plus headaches, dizziness and nausea. I just generally feel a little sick.

Maximilian: That sounds like a classic cold. There's really not much you can do about it except rest.

Lukas: But I have to work the whole week, so there is not much time to rest.

Maximilian: No problem, I'll write you a medical certificate for at least 3 days. But you should spend these 3 days in bed. I can also prescribe you some meds for pain relief if you want.

Lukas: Okay, I will. Yes, that would be really good. Otherwise I can't even sleep at night with my head and neck so sore.

Maximilian: I'll prescribe you an aspirin and throat candy to suck on. Then you should feel better soon.

Lukas: How fast?

Maximilian: Well, in general an ordinary cold doesn't last longer than a week. At least as far as sore throats and headaches are concerned. You may still have a cough or other mild symptoms after a week. But after 3 weeks at most it should be gone.

Lukas: All right, then I don't have to worry. Thank you for your help, Doctor.

Maximilian: No problem, that's my job after all. I wish you a quick recovery!

Lukas: Thank you very much!

56

DIE DIÄT - THE DIET

Sarah: Na, Feli, wie läuft es mit deiner Diät?

Feli: Sehr gut. Ich habe innerhalb von einer Woche schon zwei Kilogramm abgenommen. Außerdem fühle ich mich schon viel fitter als vorher.

Sarah: Wirklich? Aber ich habe gehört, dass die ersten Pfunde, die man verliert, eigentlich nur Wasser sind. Also, dass du in so kurzer Zeit schon Fett abgenommen hast, glaube ich nicht. Das wäre ja ein Wunder.

Feli: Ja, mag sein. Aber in der zweiten Woche verliere ich bestimmt etwas von meinen Fettspeichern.

Sarah: Ja, ganz bestimmt. Was machst du eigentlich genau anders als vorher?

Feli: Ich esse fast keine Kohlenhydrate mehr, und dafür mehr Fett und Eiweiß. Wenn ich nämlich keine Kohlenhydrate esse, wird der Zucker stattdessen aus meinem Fett genommen. Zumindest wenn ich es lange genug durchziehe. Bis zum Sommer will ich es mindestens durchhalten.

Sarah: Das schaffst du ganz sicher. Das hört sich wirklich gut an, vielleicht sollte ich das auch einmal ausprobieren. Schaden kann es ja nicht.

Feli: Ach Quatsch, du hast doch kein Fett zu verlieren.

Sarah: Nein, aber ich wäre gerne etwas sportlicher und athletischer.

Feli: Na dann musst du eben Sport machen. Aber abnehmen bringt da nicht viel.

Sarah: Was hältst du davon, wenn wir mal zusammen ins Fitnessstudio gehen?

Feli: Gute Idee, das hatte ich sowieso vor. Irgendeine Form von Sport muss ich machen, wenn ich gute Ergebnisse haben will.

Sarah: Abgemacht, ich frage gleich mal im Studio nach, wann wir anfangen können.

THE DIET

Sarah: Well, Feli, how's your diet going?

Feli: Very good. I've lost two kilograms in a week. Besides, I feel a lot fitter than I did before.

Sarah: Really? But I've heard that the first pounds you lose are actually just water. I don't think you've lost any fat in such a short time. That would be a miracle.

Feli: Yes, maybe. But I'm sure I'll lose some of my fat stores in the second week.

Sarah: Yes, definitely. What exactly are you doing differently than before?

Feli: I eat almost no carbohydrates, but more fat and protein. Because if I don't eat carbohydrates, the sugar will be taken from my fat instead. At least if I keep doing it long enough. I want to keep it up until summer at least.

Sarah: I'm sure you'll make it. That sounds really good, maybe I should give it a try. It can't hurt.

Feli: Oh, nonsense, you have no fat to lose.

Sarah: No, but I would like to be more athletic.

Feli: Well, then you must work out. But losing weight doesn't do much good.

Sarah: What do you think about going to the gym together?

Feli: Good idea, I had that in mind anyway. I have to do some kind of sport if I want to get good results.

Sarah: Sounds like a deal, I'll ask in the gym when we can start.

57

BABY BEKOMMEN - HAVING A BABY

Nele: Im wievielten Monat bist du jetzt eigentlich?

Amelie: Ich bin im 8. Monat. Bis zur Geburt sind es noch etwa 5 Wochen. Ich wünschte aber, es wäre weniger, da ich kaum noch schlafen kann.

Nele: Wieso das?

Amelie: Mit diesem Bauch kann ich kaum noch gemütlich im Bett liegen. Außerdem muss ich alle paar Minuten auf die Toilette. Mein Mann ist auch schon genervt, weil er immer aufwacht, wenn ich aufstehe.

Nele: Oh, das hört sich ja wirklich schrecklich an. Aber wenn das Baby da ist, hat sich das alles gelohnt.

Amelie: Wenn das Baby da ist, wird es noch schlimmer, habe ich gehört. Dann bekommen ich und mein Mann kaum noch Schlaf. Das Baby weint wahrscheinlich die ganze Nacht.

Nele: Ja, aber das ist ja nur anfangs so. Irgendwann pendelt sich das schon wieder ein.

Amelie: Das hoffe ich auch. Mir reicht es langsam wirklich. Ich will meinen alten Körper zurück.

Nele: Hast du ja bald wieder. Auch wenn er wahrscheinlich nie wieder ganz wie vorher sein wird.

Amelie: Ja, leider wird er das nicht mehr sein.

Nele: Ich freue mich trotzdem darauf, einmal Kinder zu haben. Dass ich mich aber auf die Schwangerschaft freue, glaube ich nicht.

Amelie: Naja, die ist auch bei manchen besser und bei manchen schlimmer. Es gibt Frauen, die während der Schwangerschaft keine Probleme oder Beschwerden haben. Vielleicht bist du ja eine davon.

Nele: Das hoffe ich auch.

HAVING A BABY

Nele: So, how many months do you have left?

Amelie: I'm eight months pregnant. Until the birth, it is still about 5 weeks. I wish it was less because I can hardly sleep anymore.

Nele: Why is that?

Amelie: With this belly I can hardly lie comfortably in my bed. Besides, I have to go to the bathroom every few minutes. My husband's already annoyed because he wakes up every time I get up.

Nele: Oh, that sounds really terrible. But when that baby comes, it's all worth it.

Amelie: If the baby is here, it will get worse, I heard. Then me and my husband will get hardly any sleep. The baby will probably be crying all night long.

Nele: Yes, but that's only in the beginning. It'll calm down after a while.

Amelie: I hope so, too. I'm really starting to worry. I want my old body back.

Nele: It'll be back soon. Even though it'll probably never be the same as it was before.

Amelie: Yes, unfortunately it won't.

Nele: I am looking forward to having children anyway. But I don't think I'm looking forward to the pregnancy.

58

KUCHENZUTATEN - CAKE INGREDIENTS

Paula: Also, was brauchen wir jetzt alles für den Kuchen? Ich war heute erst beim Einkaufen, wir sollten also alle Zutaten zu Hause haben

Jule: Also, zuerst brauchen wir einmal zwei Eier.

Paula: Warte, ich hole schon mal eine Schüssel und gebe alles hinein, während du vorliest.

Jule: Gut, also zuerst musst du die beiden Eier mit 100g Zucker mischen, bis die Mischung glatt ist.

Paula: In Ordnung, ich hole noch schnell die Waage.

Jule: Dann musst du zu dieser Mischung 50g Butter hinzugeben und wieder rühren.

Paula: Okay, das habe ich gemacht.

Jule: Super, denn gebe einfach noch 100g Mehl dazu, zusammen mit 2 Esslöffeln Öl und 5 Esslöffeln Kakaopulver.

Paula: Alles klar. Wow, das ist ja schon ein richtiger Teig. Was ist aber mit Backpulver? So geht der Teig doch gar nicht auf.

Jule: Stimmt, das habe ich anscheinend überlesen. Hier steht noch 1 Teelöffel Backpulver.

Paula: Okay, war das alles?

Jule: Dann musst du noch Schokoraspel hinzugeben. Hier steht keine Mengenangabe, aber wahrscheinlich so 50g.

Paula: Ist das nicht ein bisschen viel?

Jule: Naja, wann war es denn jemals zu viel Schokolade?

Paula: Stimmt, ich liebe Schokolade. Aber nicht, dass der Kuchen dann nicht richtig zusammenhält.

Jule: Wenn überhaupt, hält er mit mehr Schokolade besser zusammen. Also rein damit.

Paula: Okay, wie lange muss der Kuchen backen?

Jule: Für 40 Minuten bei 180°C.

Paula: Okay, dann rein mit ihm in den Ofen.

CAKE INGREDIENTS

Paula: So what do we need for the cake? I just went grocery shopping today, so we should have everything at home.

Jule: First we need two eggs.

Paula: Wait, I'll get the bowl and put everything in already, while you're reading.

Jule: Okay, you have to mix the eggs with 100g of sugar until it's even.

Paula: Alright, I'll get the scale.

Jule: Then you have to add 50g of butter and mix again.

Paula: Okay, I did that.

Jule: Great, then just add 100g of flour, two tablespoons of oil and 5 tablespoons of cocoa powder.

Paula: Alright. Wow, it's a proper batter already. But what about the baking powder? The batter won't rise like this.

Jule: Right, apparently I skipped that. It says one teaspoon of baking powder.

Paula: Okay, is that all?

Jule: Then you also have to add chocolate flakes. It doesn't say how much but I guess it's about 50g.

Paula: Isn't that a bit much?

Jule: When was there ever too much chocolate?

Paula: Right, I love chocolate. But it would be a pity if the cake didn't stay together right.

Jule: If anything it will stay together better with more chocolate. So put it in.

Paula: Okay, how long does the cake have to go in the oven?

Jule: For 40 minutes at 180°C.

Paula: Okay, then put it in the oven.

59

FASCHINGSBALL - CARNIVAL BALL

Leni: Was ziehst du auf dem Ball an? Ich habe noch kein richtiges Kostüm. Vielleicht hast du ja eine Idee, was zu mir passt?

Annika: Ich habe schon ein Kostüm. Ich gehe als Clown, so wie letztes Jahr. Ich habe einfach keine Lust, mir wieder ein Kostüm zu kaufen. Die sind immer so teuer, obwohl man sie nur einmal anzieht.

Leni: Da hast du recht. Hast du eine Idee, wie ich noch schnell ein billiges Kostüm bekomme?

Annika: Also entweder du bastelst dir selbst eines, oder du kaufst ein billiges. Zum Beispiel gibt es auch in Second Hand Läden billige Kostüme, die meistens nur ein einziges Mal getragen sind. Vor zwei Jahren habe ich dort ein Hippie Kostüm gekauft. Das war wirklich wie neu.

Leni: Wow, daran habe ich noch gar nicht gedacht. Gibt es denn bei uns einen Second Hand laden?

Annika: Ja, und der ist auch nicht riesengroß. Da findest du sicher ein Kostüm für den Faschingsball. Ich finde, ein Prinzessinnen- oder Feen-Kostüm passt am besten zu dir.

Leni: Naja, ich weiß nicht. Ich will schließlich nicht, dass mich dann alle auslachen.

Annika: Darum geht es doch auf einem Faschingsball! Je mehr die anderen dich auslachen, desto besser ist dein Kostüm.

Leni: Das stimmt. Einmal im Jahr kann ich wohl mal etwas Albernes tragen.

Annika: Ich bin schon so gespannt auf dein Kostüm. Wir können ja zusammen in den Second Hand Laden gehen.

Leni: Das wäre toll. Vielleicht findest du ja auch noch etwas für das Clownskostüm.

CARNIVAL BALL

Leni: What are you wearing to the ball? I don't have a real costume yet. Maybe you have an idea what suits me?

Annika: I already have a costume. I'll go as a clown, just like last year. I just don't feel like buying a costume again. They are always so expensive, although you only put them on once.

Leni: You're right. Do you have any idea how I can get a cheap costume quickly?

Annika: So either you make one yourself or you buy a cheap one. For example, there are also cheap costumes in second-hand shops, which are usually worn only once. Two years ago I bought a hippie costume there. That really was like new.

Leni: Wow, I hadn't thought of that yet. Is there a Second-Hand shop?

Annika: Yes, and it's huge, too. You will surely find a costume for the carnival ball. I think, a princess or fairy costume suits you best.

Leni: Well, I don't know. After all, I don't want everyone laughing at me.

Annika: That's what a carnival ball is all about! The more others laugh at you, the better your costume will be.

Leni: That's true. Once a year I can probably wear something silly.

Annika: I'm so excited about your costume. We can go to the Second-Hand shop together.

Leni: That would be great. Maybe you'll find something for the clown costume.

60

SCHWIMMEN - SWIMMING

Charlotte: Ich bin wirklich froh, dass du mitgekommen bist, Florian.

Florian: Naja, du hattest ja schließlich letzte Woche Geburtstag.

Charlotte: Ich weiß, du magst Wasser nicht, aber wenn du willst, können wir auch die ganze Zeit im Whirlpool verbringen. Wir müssen ja nicht gleich vom 10 Meter Turm springen.

Florian: Das werde ich sowieso nicht machen. Aber auf die Wasserrutsche können wir schon gehen. Solange die Schlange nicht zu groß ist.

Charlotte: Da freue ich mich schon drauf. Danach können wir ja im Schwimmbad-Restaurant Pommes essen gehen. Dort machen sie die besten Pommes.

Florian: Gerne, der beste Teil des Tages.

Charlotte: Wir könnten später ein paar Bahnen schwimmen, damit du endlich lernst, wie das richtig geht.

Florian: Ich will das gar nicht lernen.

Charlotte: Aber was ist, wenn du mal aus einem Boot fällst und im Meer an Land schwimmen musst? Dann ertrinkst du doch! Jeder sollte richtig schwimmen können.

Florian: Ich gehe doch sowieso nie auf ein Boot. Wenn ich am Meer bin, dann liege ich immer nur am Strand.

Charlotte: Und was ist, wenn plötzlich eine Flut kommt? Dann bist du auch hilflos.

Florian: Na gut, aber die Wahrscheinlichkeit dafür ist nicht besonders hoch.

Charlotte: Trotzdem solltest du dir einmal Zeit nehmen und üben, wie man richtig schwimmt. Dass du nicht schwimmen kannst, macht mich wirklich nervös. Deswegen wollte ich ja, dass du mitkommst. Sonst können wir im Urlaub nächsten Sommer nicht einmal Boot fahren.

Florian: Na schön, ich probiere es einmal.

SWIMMING

Charlotte: I'm really glad you came, Florian.

Florian: Well, your birthday was last week.

Charlotte: I know you don't like the water, but if you want we can spend the whole time in the whirlpool. We don't have to jump from the 10-meter tower right away.

Florian: I won't do that anyway. But we can already go to the water slide. As long as the snake is not too big.

Charlotte: I'm looking forward to that. Afterwards we can go to the swimming pool restaurant and eat fries. They make the best fries there.

Florian: Gladly, that's the best part of the day.

Charlotte: We could swim a few lanes later so that you finally learn how to do it right.

Florian: I don't want to learn that at all.

Charlotte: But what if you fall out of a boat and have to swim to the shore? Then you'll drown! Everyone should be able to swim properly.

Florian: I never go on a boat anyway. When I'm at the sea, I always just lie on the beach.

Charlotte: And what if suddenly a flood comes? Then you're helpless.

Florian: All right, but the probability is not very high.

Charlotte: Nevertheless, you should take your time and practice to swim properly. It makes me really nervous that you can't swim. That's why I wanted you to come with me. Otherwise, we won't even be able to go boating next summer.

Florian: All right, I'll give it a try.

61

NEUER JOB - NEW JOB

Nils: Willkommen in unserer Firma, Ihnen wird es hier sicher gut gefallen. Zumindest war das bei allen anderen neuen Mitarbeitern bisher immer so.

Tom: Ja, das glaube ich auch. Deswegen habe ich mich ja überhaupt hier beworben.

Nils: Das hier ist Ihr Schreibtisch. Hier werden Sie die meiste Zeit verbringen. Wir haben außerdem eine Küche, in der Sie Mittagspause machen können. Sie können aber selbstverständlich auch irgendwo anders hingehen.

Tom: Okay, gut zu wissen.

Nils: Ihre Hauptaufgabe wird es sein, die Rechnungen abzuheften und in das Computersystem einzugeben. Am Ende des Monats werden die Rechnungen dann weggeworfen, und auf einer Festplatte gespeichert. Können Sie das erledigen?

Tom: Ja, das habe ich an meinem vorherigen Arbeitsplatz auch gemacht. Wie sieht es mit den Urlaubstagen aus?

Nils: Sie denken am ersten Tag schon an Urlaub? Also Urlaubstage haben Sie etwa 20 Tage im Jahr. Außerdem haben Sie ja am Samstag, Sonntag und Montag frei. Also, das ist auch schon mal ein kleiner Urlaub, finden Sie nicht?

Tom: Doch, mit der Aufteilung der Schichten bin ich sehr zufrieden. Womit soll ich jetzt anfangen?

Nils: Ich zeige Ihnen jetzt noch schnell die anderen Räumlichkeiten und dann können Sie direkt mit den ersten Rechnungen beginnen. Seitdem die letzte Arbeitskraft entlassen wurde, haben sich da einige angesammelt. Sie werden wahrscheinlich etwa 2 Tage dafür brauchen.

Tom: Okay, dann habe ich ja alle Hände voll zu tun.

Nils: Ja. Kommen Sie, ich zeige Ihnen die Küche.

NEW JOB

Nils: Welcome to our company, surely you will like it very much here. At least this has always been the case with all other new employees.

Tom: Yes, I think so too. That's why I applied here in the first place.

Nils: This is your desk. This is where you will spend most of your time. We also have a kitchen where you can have lunch. But of course you can also go somewhere else.

Tom: Okay, good to know.

Nils: Your main task will be to file the invoices and enter them into the computer system. At the end of the month, the bills will be thrown away and stored on a hard drive. Can you do that?

Tom: Yes, I did that at my previous job. What about the holidays?

Nils: You already think about holidays on the first day? So holidays are about 20 days a year. Besides, you have Saturday, Sunday and Monday off. So this is also a small holiday, don't you think?

Tom: Yes, I am very satisfied with the distribution of shifts. What should I start with now?

Nils: I'll quickly show you the other rooms, and then you can start with the first bills. Since the last worker was laid off, a few have accumulated. It will probably take you about 2 days.

Tom: Okay, then I'll get my hands full.

Nils: Yes. Come on, I'll show you the kitchen.

62

IM WASCHSALON - AT THE LAUNDRY MAT

Jana: Hast du die 50 Cent Stücke dabei, Vanessa?

Vanessa: Ich dachte, du nimmst noch welche mit? Jetzt habe ich nur 4 Stück. Das reicht gerade mal für eine Wäsche.

Jana: Ich habe noch zwei. Eine Wäsche kostet doch nur zweimal 50 Cent, oder? Dann haben wir doch genug für drei Wäschen.

Vanessa: Hier steht, dass eine Wäsche dreimal 50 Cent kostet. Das heißt, wir können nur zweimal waschen.

Jana: Nicht so schlimm, dann waschen wir den dritten Korb eben nächste Woche. So schnell brauche ich die Wäsche sowieso nicht.

Vanessa: Hast du das Waschmittel?

Jana: Ich dachte, das bekommt man hier kostenlos.

Vanessa: Nein, natürlich nicht! Wenn, dann würde der auch etwas kosten. Aber es gibt nicht mal einen Weichspüler.

Jana: Leider nein.

Vanessa: Na toll, was sollen wir jetzt machen?

Jana: Wir können einfach jemanden fragen, ob wir das Waschmittel ausleihen können.

Vanessa: Ohne demjenigen Geld zu bezahlen? Hast du wenigstens noch 20 Cent oder so?

Jana: Ja, habe ich. Irgendjemand wird uns schon helfen. Du hättest mir das sagen sollen. Du weißt, ich war noch nie im Waschsalon.

Vanessa: Naja, jetzt weißt du es ja. Ich dachte, das wäre klar.

Jana: Nächstes Mal machen wir es dann richtig.

Vanessa: Ja, das hoffe ich auch.

Jana: Hallo, könnten wir etwas Waschmittel von Ihnen ausleihen?

AT THE LAUNDRY MAT

Jana: Did you bring the 50 Cent pieces, Vanessa?

Vanessa: I thought you were taking some with you? Now I only have 4 pieces. That's just enough for one wash.

Jana: I have two more. A wash only costs two 50 cent pieces, right? Then we have enough for three washes.

Vanessa: It says here that one wash costs three 50 cent pieces. That means we can only wash twice.

Jana: Not so bad, then we'll just wash the third basket next week. I don't need the laundry that soon anyway.

Vanessa: Do you have the laundry detergent?

Jana: I thought you could get it for free here.

Vanessa: No, of course not! If so, it would also cost something. But there is not even a fabric softener here.

Jana: Unfortunately no.

Vanessa: Oh great, what should we do now?

Jana: We can just ask someone if we can borrow the detergent.

Vanessa: Without paying him money? Do you have at least 20 cents left or something?

Jana: Yes, I have. I'm sure somebody will help us. You should have told me that. You know I've never been to the laundry mat.

Vanessa: Well, now you know. I thought that was clear.

Jana: Next time we'll do it right.

Vanessa: Yes, I hope so too.

Jana: Hello, could we borrow some detergent from you?

63

APOTHEKE - PHARMACY

Claudio: Hallo, ich bräuchte etwas gegen Bauchschmerzen.

Klara: Was haben Sie sich denn vorgestellt? Was für Bauchschmerzen haben Sie denn?

Claudio: Ich glaube, dass ich etwas Falsches gegessen habe. Seit heute morgen ist mir ein bisschen übel.

Klara: Da kann ich Ihnen höchstens etwas geben, damit Ihnen nicht so schlecht ist. Haben Sie denn ein Rezept vom Arzt?

Claudio: Nein, leider nicht. Ich komme von zu Hause. Meine Frau hat gesagt, hier bekomme ich auch etwas, wenn es mir schlecht geht.

Klara: Das stimmt, aber normalerweise sollten Sie erst zum Arzt gehen, damit wir Ihnen hier nichts Falsches geben.

Claudio: Ich möchte ja kein zu starkes Mittel. Geben Sie mir einfach etwas Leichtes, das meine Übelkeit etwas lindert.

Klara: In Ordnung, das macht dann 13,99 Euro.

Claudio: Ach so, ich bräuchte noch zwei Päckchen Taschentücher und einmal Halsbonbons. Meine Frau ist erkältet.

Klara: Gerne. Vielleicht hat sie Sie ja angesteckt.

Claudio: Das kann sein, aber ihr ist nicht so übel wie mir.

Klara: Darf es sonst noch etwas sein?

Claudio: Eine Packung Aspirin bitte.

Klara: Alles klar. Zusammen macht das dann 25,89 Euro.

Claudio: Könnten Sie mir bitte noch eine Tüte geben? Ich bin zu Fuß da.

Klara: Gerne. Passen Sie auf, dass Sie bei dem Wetter nicht noch kränker werden.

Claudio: Mache ich. Vielen Dank und bis zum nächsten Mal! Tschüß!

Klara: Auf Wiedersehen!

PHARMACY

Claudio: Hello, I need something for my stomach ache.

Klara: What did you have in mind? What kind of abdominal pain do you have?

Claudio: I think I ate something wrong. Since this morning I've been feeling a little sick.

Klara: At most I can give you something so that you don't feel so bad. Do you have a doctor's prescription?

Claudio: No, unfortunately not. I came straight from home. My wife said I would also get something here if I feel bad.

Klara: That's true, but normally you should go to the doctor first so that we don't give you anything wrong here.

Claudio: I don't want too strong of a remedy. Just give me something light to alleviate my nausea.

Klara: All right, that'll be 13.99 euro.

Claudio: I also need two packets of tissues and one packet of throat candies. My wife has a cold.

Klara: Sure. Maybe she infected you.

Claudio: That could be true, but she is not feeling as bad as me.

Klara: Do you need anything else?

Claudio: A pack of aspirin, please.

Klara: All right. That makes 25,89 euro.

Claudio: Could you please give me another bag? I'm here on foot.

Klara: Gladly. Be careful not to get even sicker with that weather.

Claudio: I will. Thank you very much and see you next time! Bye!

Klara: Goodbye!

64

LADEKABEL - CHARGING CABLE

Jasmin: Hat jemand mein Ladekabel gesehen? Ich könnte schwören, dass ich es hier hingelegt habe.

Pia: Nein, da habe ich kein Kabel gesehen. Vielleicht hast du es dir nur eingebildet.

Jasmin: Das glaube ich kaum. Vielleicht hast du es wieder genommen, weil du dein eigenes verloren hast?

Pia: Nein, habe ich nicht. Ich habe mir letzte Woche ein neues gekauft, damit ich deines nicht mehr nehmen muss. Vielleicht hat Mama es ja genommen?

Jasmin: Mama hat ein iPhone und ich habe ein Samsung. Das Kabel passt also gar nicht. Du bist die Einzige in der Familie, bei der der gleiche Stecker passt.

Pia: Du solltest lieber einmal ordentlich suchen, bevor du mich beschuldigst. Hast du in deinem Zimmer gesucht? Das Ladekabel fällt dir doch immer unter dein Bett.

Jasmin: Da habe ich schon nachgesehen. Vielleicht hat das Kabel sich ja in Luft aufgelöst?

Pia: Zum letzten Mal, ich habe es nicht. Wenn ich es hätte, würde ich es dir doch sagen und es dir zurückgeben. Wenn du es wirklich nicht findest, musst du dir eben ein neues kaufen.

Jasmin: Dafür habe ich aber kein Geld.

Pia: Warte mal, Papa hat doch auch ein Handy, bei dem der Stecker passt. Vielleicht solltest du ihn mal fragen. Erst letztens hat er sich bei mir beschwert, wie langsam sein Kabel lädt.

Jasmin: Ja, dass er dann meines genommen hat, kann ich mir gut vorstellen. Entschuldige, dass ich dich beschuldigt habe.

Pia: Kein Problem, aber such das nächste Mal bitte ordentlich, bevor du etwas zu mir sagst.

CHARGING CABLE

Jasmin: Has anyone seen my charging cable? I could swear I put it here.

Pia: No, I didn't see any cable. Maybe you just imagined it.

Jasmin: I don't think so. Maybe you took it because you lost your own?

Pia: No, I didn't. I bought a new one last week, so I don't have to take yours anymore. Maybe mom took it?

Jasmin: Mom has an iPhone and I have a Samsung. So the cable doesn't fit at all. You're the only one in the family whose phone fits the same plug.

Pia: You better search properly before you accuse me. Did you look in your room? The charger always falls under your bed.

Jasmin: I already looked there. Maybe the cable disappeared into thin air?

Pia: For the last time, I don't have it. If I had it, I'd tell you and give it back to you. If you really can't find it you'll just have to buy a new one.

Jasmin: But I don't have the money for that.

Pia: Wait a minute, Dad also has a phone that fits the same plug. Maybe you should ask him. Just recently he complained to me how slowly his cable is charging.

Jasmin: Yes, I can imagine that he then took mine. Sorry I accused you.

Pia: No problem, but next time please search properly before you say anything to me.

65

ÄNGSTE - FEARS

Zoe: Wovor hast du eigentlich Angst?

Raphael: Vor nichts natürlich! Männer haben keine Angst, das weiß doch wohl jeder.

Zoe: Ach komm, jeder hat vor irgendetwas Angst. Bestimmt hast du auch Angst vor Vogelspinnen.

Raphael: Naja, was heißt Angst. Ich mag sicher keine Vogelspinnen. Wenn hier eine Vogelspinne auftauchen würde, würde ich wegrennen. Aber wirkliche Angst ist das nicht.

Zoe: Also, ich habe Angst vor der Dunkelheit.

Raphael: Wie kannst du dann schlafen? Schläfst du mit einem Nachtlicht?

Zoe: Nein, das nicht. Aber wenn ich zum Beispiel nachts nach Hause laufen muss, habe ich immer Angst.

Raphael: Also hast du nicht Angst vor der Dunkelheit, sondern vor dem, was sich dort versteckt.

Zoe: Ja, so kann man das wohl sagen. Außerdem habe ich Höhenangst.

Raphael: Da hast du mich erwischt. Ich habe auch etwas Höhenangst. Zwar nicht so viel, aber ich stelle mich sicher nicht freiwillig an einen Abgrund.

Zoe: Ich glaube Höhenangst ist auch nichts Besonderes. Das hat eigentlich fast jeder. Hast du denn keine besondere Angst?

Raphael: Als Kind hatte ich Angst vor Clowns, aber mittlerweile habe ich das nicht mehr. Seitdem ich herausgefunden habe, dass Clowns normale Menschen sind. In der Realität gibt es eben nichts so Gruseliges.

Zoe: Also hast du nur Angst vor echten Dingen?

Raphael: Ja, vor Unfällen oder Anschlägen zum Beispiel.

Zoe: Kann ich verstehen, das geht mir genauso. Trotzdem habe ich auch

manchmal Angst vor Geistern oder anderen unrealistischen Dingen.
Raphael: Das habe ich gar nicht, ich glaube nicht an Geister.

FEARS

Zoe: What are you afraid of?

Raphael: Nothing of course! Men aren't scared of anything, everyone knows that.

Zoe: Come on, everybody is afraid of something. Surely you are afraid of tarantulas, too.

Raphael: Well, what do you mean by afraid? I certainly don't like tarantulas. If a tarantula showed up here, I would run away. But that's not real fear.

Zoe: I'm afraid of darkness for example.

Raphael: Then how can you sleep? Do you sleep with a night light?

Zoe: No, but when I have to walk home at night, for example, I'm always scared.

Raphael: So you're not afraid of the dark, but of what's hiding in the darkness.

Zoe: Yes, you can say it like that. Besides, I'm afraid of heights.

Raphael: You caught me there. I'm a little afraid of heights, too. Not so much, but I certainly won't voluntarily stand at an abyss.

Zoe: I think fear of heights is also nothing special. Almost everyone has that. Don't you have any particular fear?

Raphael: As a child I was afraid of clowns, but I don't have that anymore, ever since I found out that clowns are normal people. In reality there is nothing really scary.

Zoe: So you're only afraid of real things?

Raphael: Yes, of accidents or attacks for example.

Zoe: I can understand that, I feel the same way. Still, sometimes I'm afraid of ghosts or other unrealistic things.

Raphael: I don't have that, I don't believe in ghosts.

66

PARTY ORGANISIEREN - ORGANIZING A PARTY

Antonia: Was brauchen wir jetzt alles für heute Abend?

Joel: Also, ich habe heute schon drei Tüten Chips gekauft. Meinst du, das reicht für die Snacks? Wie viele Leute kommen denn?

Antonia: Also, ich glaube nicht, dass drei Tüten für den ganzen Abend reichen. Es kommen 30 Leute, also würde ich mal lieber noch mehr Snacks kaufen.

Joel: Dann schreibe ich jetzt noch eine Einkaufsliste.

Antonia: Ich würde sagen, wir kaufen noch zwei Tüten Erdnussflips und 2 Tüten Salzstangen. Das sollte dann für die Snacks reichen. Außerdem hat Nina gesagt, dass sie noch einen Kuchen mitbringt.

Joel: Ich würde auch sagen, dass das reicht. Wenn nicht, können wir ja noch eine Partypizza bestellen.

Antonia: Ja, eben. Was hast du jetzt alles für Getränke eingekauft?

Joel: Nur eine Kiste Bier. Also, da muss noch einiges her.

Antonia: Aber auch nicht so viel, weil jeder auch etwas mitbringt. Ich würde sagen, es reicht, wenn wir noch einen weiteren Kasten Bier kaufen.

Joel: Ja, das glaube ich auch. Wenn jeder einen Sekt oder Sonstiges mitbringt, ist das kein Problem.

Antonia: Super, dann müssen wir nur noch die Möbel umstellen, damit wir eine gute Tanzfläche haben. Hast du die Boxen schon aufgestellt?

Joel: Nein, noch nicht. Aber die richtig guten Boxen bringt auch erst Andreas mit.

Antonia: Okay, erstell dann aber bitte noch eine Playlist.

ORGANIZING A PARTY

Antonia: What do we need for tonight?

Joel: So I already bought three bags of chips today. Do you think that's enough for the snacks? How many people are coming?

Antonia: Well, I don't think three bags are enough for the whole evening. There are 30 people coming, so I'd rather buy more snacks.

Joel: Then I'll write a shopping list.

Antonia: I would say we buy two more bags of peanut flips and two bags of salt sticks. That should be enough for the snacks. Nina also said that she would bring another cake.

Joel: I would also say that's enough. If not, we can order a pizza for everyone.

Antonia: Yes, that's right. What did you buy for drinks?

Joel: Just a case of beer. So there's still a lot to do.

Antonia: But not so much either, because everyone brings something. I'd say it's enough if we buy another case of beer.

Joel: Yes, I believe that too. If everyone brings a sparkling wine or something else, that's not a problem.

Antonia: Great, then we just have to rearrange the furniture so that we have a good dance floor. Have you set up the speakers yet?

Joel: No, not yet. But Andreas brings the really good speakers.

Antonia: Okay, then please create a playlist.

67

NOTRUF - EMERGENCY CALL

Marc: Hallo, hier ist die Notrufzentrale. Wie kann ich Ihnen behilflich sein? Was ist ihr Notfall?

Collin: Hallo, ich habe hier eine verletzte Frau.

Marc: Wo befinden Sie sich?

Collin: Ich bin in der Donaustraße 35.

Marc: Sie brauchen also einen Krankenwagen?

Collin: Ja. Die Frau hat gesagt, dass sie angegriffen wurde, also brauche ich auch die Polizei, wenn das möglich ist. Sie will bestimmt Anzeige erstatten.

Marc: In Ordnung, dann schicke ich Ihnen einen Krankenwagen und die Polizei. Es könnte etwa 5 bis 10 Minuten dauern, bis jemand bei Ihnen auftaucht. Kann die Frau das so lange aushalten?

Collin: Ich weiß nicht, es sieht aus, als würde sie gleich ohnmächtig werden.

Marc: Legen Sie die Frau bitte in die stabile Seitenlage, bis der Krankenwagen kommt. So passiert ihr sicher nichts. Bleiben Sie außerdem ruhig, damit Sie die Frau nicht verängstigen.

Collin: Alles klar, mache ich.

Marc: Es kann außerdem helfen, der Person gut zuzusprechen und sie etwas zu beruhigen. Die Frau ist sicher in einem Schockzustand.

Collin: Das glaube ich auch, sie konnte mir nicht einmal ihren Namen sagen.

Marc: Wollen Sie, dass ich am Telefon bleibe, bis der Krankenwagen kommt?

Collin: Nein, ich glaube, es geht schon. Gerade ist auch eine Frau gekommen, die Ärztin ist.

Marc: Alles klar. Danke für Ihre Hilfsbereitschaft!

Collin: Danke für Ihre Hilfe! Auf Wiederhören!

Marc: Ich hoffe für Sie, dass wir uns so schnell nicht wieder hören. Tschüß!

EMERGENCY CALL

Marc: Hello, this is the emergency call center. How can I help you? What is your emergency?

Collin: Hello, I have an injured woman here.

Marc: Where are you?

Collin: I am at Donaustraße 35.

Marc: So you need an ambulance?

Collin: Yes. The woman said she was attacked, so I also need the police if that is possible. She'll probably want to file a complaint.

Marc: All right, then I'll send you an ambulance and the police. It could take about 5 to 10 minutes for someone to show up at your location. Can the woman wait that long?

Collin: I don't know, it looks like she's about to pass out.

Marc: Please put the woman in the stable lateral position until the ambulance arrives. That way nothing will happen to her. Also, stay calm so that you don't frighten her.

Collin: All right, I will.

Marc: It can also help to speak to her to calm her down a bit. The woman is probably in a state of shock.

Collin: I think so too, she couldn't even tell me her name.

Marc: Do you want me to stay on the phone until the ambulance arrives?

Collin: No, I think I can manage it. A woman has just arrived who is a doctor.

Marc: All right. Thank you for your help!

Collin: Thank you for your help! Goodbye!

Marc: I hope for your sake that we won't hear each other again so soon. Bye!

68

WELTREISE – TRIP AROUND THE WORLD

Sina: Endlich kommen wir dazu, unsere Weltreise zu planen.

Paulina: Es wird auch langsam Zeit, wenn wir nächstes Jahr schon fahren wollen.

Sina: Ja, da hast du recht. Hast du dir denn schon ein paar Länder überlegt, wohin du gerne reisen würdest?

Paulina: Ja, und du?

Sina: Ich auch. Dann würde ich sagen, dass wir eine Liste machen und alles Weitere danach planen.

Paulina: In Ordnung. Also zuerst würde ich gerne nach Amerika, ich glaube da geht es dir genauso. Los Angeles, New York und Las Vegas wären natürlich cool. Wenn wir aber nur nach New York fahren, ist das auch nicht schlimm.

Sina: Finde ich gut. Ich würde gerne nach Thailand und Japan fahren, weil es da so schöne Strände und Städte gibt.

Paulina: Das ist eine wirklich gute Idee. Wie wäre es noch mit Schweden, Irland und England?

Sina: Dann haben wir eine wirklich verstreute Reise, aber vielleicht schaffen wir es ja noch. Außerdem würde ich gerne nach Australien reisen. Dort gibt es eine so tolle Natur wie in keinem anderen Land, finde ich.

Paulina: Nach Australien will ich auch unbedingt. Und vielleicht noch nach Neuseeland, da das ja direkt nebenan liegt.

Sina: Okay, hast du sonst noch Länder, die unbedingt auf die Liste müssen?

Paulina: Also, ich finde, dass Griechenland auch noch auf die Liste muss. Dort ist es so wunderschön.

Sina: Okay, habe ich aufgeschrieben. Ich schreibe noch Kanada und

Mexiko drauf. Diese beiden sind auch sehr schön.

Paulina: Dann müssen wir jetzt nur noch planen und ausrechnen, was uns das kosten wird.

Sina: Also billig wird es sicher nicht.

TRIP AROUND THE WORLD

Sina: Finally we get to plan our trip around the world.

Paulina: It's about time if we want to go next year.

Sina: Yes, you're right. Have you already considered a few countries to which you would like to travel?

Paulina: Yes, and you?

Sina: Me too. Then I would say that we make a list and plan everything else according to it.

Paulina: All right. So first I would like to go to America, I think you feel the same. Los Angeles, New York and Las Vegas would be cool, of course. But if we just go to New York it's not bad either.

Sina: I like it. I would like to go to Thailand and Japan because there are such beautiful beaches and cities.

Paulina: That's a really good idea. How about Sweden, Ireland and England?

Sina: Then we have a really scattered journey, but maybe we can still make it. I would also like to go to Australia. There is so much great nature, like in no other country.

Paulina: I really want to go to Australia too. And maybe to New Zealand, because that's right next to it.

Sina: Okay, do you have any other countries that need to be on the list?

Paulina: I think that Greece has to be on the list as well. It's so beautiful there.

Sina: Okay, I wrote it down. I'll also add Canada and Mexico. These two are also very beautiful.

Paulina: Then all we have to do now is plan and calculate what it will cost us.

Sina: It won't be cheap.

69

ALLERGIEN - ALLERGIES

Marc: Willst du auch ein Stück von der Nussecke, Collin?

Collin: Nein, ich bin leider allergisch gegen Nüsse. Ich kann kaum an ihnen riechen und schon juckt mir die Nase.

Marc: Was? Bist du gegen jede Nuss allergisch? Manche Menschen sind ja nur gegen Erdnüsse oder Haselnüsse allergisch.

Collin: Ja, ich bin gegen jede Nuss allergisch. Das ist wirklich nervig. Du würdest dich wundern, in wie vielen Speisen Nüsse enthalten sind.

Marc: Das ist ja wirklich schlimm. Also, ich war als Kind gegen Tomaten allergisch, aber das hat sich dann wieder gelegt.

Collin: Tomaten sind aber auch in vielen Speisen. Aber wenn du jetzt keine Probleme hast, ist es ja nicht so schlimm. Außerdem bin ich laktoseintolerant. Ich kann also kaum Käse, Milch oder Joghurt essen.

Marc: Also, das ist wirklich blöd. Dann kannst du ja auch viele Kuchen nicht essen.

Collin: Aber zum Glück gibt es Tabletten, damit ich ab und zu schon Milchprodukte essen kann. Sonst wüsste ich wirklich nicht, was ich tun soll.

Marc: Ich bekomme zwar auch manchmal Verdauungsprobleme, wenn ich Milch esse, aber ich bin sicher nicht intolerant. Allergien sind wirklich nervig. Dafür habe ich im Sommer eine Pollenallergie. Das ist auch nicht viel besser.

Collin: Das kann ich mir vorstellen.

Marc: Zwei Monate lang ist meine Nase immer zu. Das nervt ganz schön.

Collin: Gegen unsere Allergien können wir wohl nichts machen.

Marc: Ich habe gehört, man kann da eine Therapie machen, aber die kostet ziemlich viel. So schlimm ist es auch wieder nicht.

Collin: Also ich kann auch ganz gut damit leben.

ALLERGIES

Marc: Do you also want a piece of the nut scone, Colin?

Collin: No, I'm allergic to nuts. My nose already itches if I only smell them.

Marc: What? Are you allergic to every single nut? Some people are only allergic to peanuts or hazelnuts.

Collin: Yes, I am allergic to every single nut. That's really annoying. You'd be surprised how many dishes contain nuts.

Marc: That's really bad. Well, I was allergic to tomatoes as a child, but that went away.

Collin: Tomatoes are also in a lot of dishes. But if you don't have any problems now, it's not so bad. Besides, I am lactose-intolerant. So I can hardly eat cheese, milk or yogurt.

Marc: Well, that's a shame. Then you can't eat a lot of cakes.

Collin: But luckily there are pills so that I can eat milk products every now and then. Otherwise I really wouldn't know what to do.

Marc: I sometimes get digestive problems when I eat milk, but I'm certainly not intolerant. Allergies are really annoying. But in summer I have a pollen allergy. That's not much better either.

Collin: I can imagine that.

Marc: My nose is constantly stuffy for at least two months. It's really annoying.

Collin: There's probably nothing we can do about our allergies.

Marc: I've heard you can do a therapy, but it costs a lot. It's not that bad anyway.

Collin: Well, I can live with it quite well.

70

WENN ICH MILLIONÄR WÄRE - IF I WAS A MILLIONAIRE

Pascal: Arbeiten nervt, ich wünschte ich könnte einfach über Nacht Millionär werden. Dann wären alle meine Probleme verschwunden.

Timo: Das wünscht sich doch eigentlich jeder, aber so funktioniert die Welt eben einfach nicht.

Pascal: Was würdest du mit so viel Geld machen?

Timo: Mit einer Million?

Pascal: Ja, oder mit so viel Geld, wie du nur willst.

Timo: Also ich glaube eine Million ist wirklich schnell weg. Da wäre es schon besser, etwas mehr zu haben. Aber von einer Million würde ich mir Mietwohnungen kaufen, damit ich nie wieder in die Arbeit gehen muss.

Pascal: Das ist ziemlich schlau. Ich glaube, ich würde mir erst einmal ein schönes Haus und ein Auto kaufen. Dann würde ich auf jeden Fall noch einen schönen Urlaub auf den Malediven machen.

Timo: Und was machst du dann, wenn dein Geld ausgegeben ist?

Pascal: Vielleicht würde ich mir damit auch ein paar Aktien kaufen. Damit sich das Geld auch wieder vermehrt.

Timo: Irgendwas muss man ja machen, damit es nicht einfach wieder weg ist. Ich würde alles anlegen, denke ich. Irgendwie bin ich nicht so der Fan von schönen Autos.

Pascal: Naja, du könntest zum Beispiel auch in ein ganz anderes Land ziehen. Amerika, zum Beispiel. Das war schon immer mein Traum.

Timo: Ja schon, aber wenn wir ehrlich sind, wissen wir, dass wir nie im Lotto gewinnen werden. Und sonst kommen wir nur an das Geld, wenn wir auch dafür arbeiten.

Pascal: Du hast recht. Die Träumereien bringen letztendlich nichts. Ich spiele außerdem gar kein Lotto.

IF I WAS A MILLIONAIRE

Pascal: Work sucks, I wish I could just become a millionaire overnight. Then all my problems would disappear.

Timo: Everyone wants that, but that's just not the way the world works.

Pascal: What would you do with that much money?

Timo: With one million euro?

Pascal: Yes, or with as much money as you want.

Timo: I think a million is gone really fast. It would be better to have a bit more. But from one million I would buy rental flats so that I would never have to go to work again.

Pascal: That's pretty smart. I think I would buy a nice house and a car first. Then I would definitely have a nice holiday in the Maldives.

Timo: And what do you do when all your money is spent?

Pascal: Maybe I would buy some shares with it. So that the money increases again.

Timo: You have to do something so that it isn't just gone again. I think I would invest everything. Somehow I'm not a big fan of cars.

Pascal: Well, you could move to a completely different country, for example. America for instance. That was always my dream.

Timo: Yes, but if we're honest we know that we will never win the lottery. And otherwise we can only get the money if we work for it.

Pascal: You're right. The dreaming doesn't help in the end. Aside from that I don't play the lottery at all.

71

CAMPINGAUSFLUG - CAMPING TRIP

Nick: Ich finde es wirklich schön, dass wir wieder einmal zusammen campen gehen. Wir waren schon seit zwei Jahren nicht mehr alleine in der Natur unterwegs.

Selina: Das finde ich auch. Es ist immer so schön hier in den Bergen, weit weg von den ganzen vollen Campingplätzen. Nur leider müssen wir jetzt erst einmal das Zelt aufbauen. Das wird wahrscheinlich eine Zeit lang dauern.

Nick: Glaube ich auch. Außerdem ist da keine Anleitung mehr dabei. Das heißt wir müssen selbst herausfinden wie das Zelt funktioniert.

Selina: Oh nein, das kann schon eine Weile dauern. Hast du den Campingstuhl und den Gaskocher mitgenommen?

Nick: Ja, ich habe auch Plastikteller, Besteck und Tassen eingepackt, damit wir uns etwas kochen können. Für den Notfall habe ich aber auch Anzünder dabei, dann können wir uns ein kleines Lagerfeuer machen.

Selina: Ohne Brennholz wird das schwierig, wir können ja schlecht einen Baum fällen.

Nick: Das nicht, aber hier finden wir sicher auch etwas herumliegendes Holz.

Selina: Wir können es ja mal versuchen. Wenn nicht, können wir sicher unten im Dorf etwas Holz kaufen.

Nick: Au! Hast du das Mückenspray eingepackt? Es fängt schon wieder an.

Selina: Ja, habe ich. Ich hole es gleich. Ich will auf keinen Fall mit 20 Stichen nach Hause kommen, so wie beim letzten Mal.

Nick: Das werde ich nie vergessen. Da hatte ich 15 Stiche am rechten Arm. Mücken mögen mich einfach lieber als dich.

Selina: Zum Glück. Aber sicher ist sicher, ich sprühe mich auch noch ein.

Nick: Gut, und danach bauen wir gleich einmal das Zelt auf.

CAMPING TRIP

Nick: I think it's really nice that we're going camping together again. We haven't been alone in nature for two years now.

Selina: I think so too. It's always so nice here in the mountains, away from all the full campsites. But unfortunately we have to set up the tent now. This will probably take a while.

Nick: Yes, besides, we don't have the manual anymore. That means we have to find out for ourselves how the tent works.

Selina: Oh no, that can take a while. Did you bring the camping chair and the gas stove with you?

Nick: Yes, I also packed plastic plates, cutlery and cups so that we can cook something ourselves. In case of an emergency I also have lighters, so we can make a small campfire.

Selina: Without firewood it will be difficult and we can't cut down a tree.

Nick: No, but we will surely find some wood lying around.

Selina: We can try. If not, we can surely buy some wood down in the village.

Nick: Ow! Did you pack the mosquito spray? It's starting again.

Selina: Yes, I did. I'll get it right away. I don't want to come home with 20 mosquito bites like I did last time.

Nick: I will never forget that. I had 15 bites on my right arm. Mosquitoes just like me better than you.

Selina: Fortunately. But I'll spray myself as well. You can never be safe enough.

Nick: Good, and then we'll set up the tent.

72

LIEBLINGSESSEN - FAVORITE FOOD

Victoria: Was willst du eigentlich an deinem Geburtstag essen?

Melissa: Na, einen Kuchen, was denkst du denn?

Victoria: Ja, aber ich meine zum Abendessen. Was ist denn dein Lieblingsessen?

Melissa: Ich weiß nicht genau. Ich mag Pfannkuchen ganz gerne.

Victoria: Aber das ist doch langweilig. Pfannkuchen sind in 5 Minuten fertig. Das kannst du doch jeden Tag essen. Ich meine eher etwas Besonderes. Etwas, was es nicht jeden Tag geben kann.

Melissa: Dann nehme ich eben Pizza. Die kann man zwar auch jeden Tag essen, aber die mag ich einfach am liebsten.

Victoria: Na gut, Pizza können wir gerne machen. Aber ich finde das trotzdem sehr langweilig. Mein Lieblingsessen ist zum Beispiel Coq au Vin. So etwas gibt es nicht jeden Tag.

Melissa: Ich bin da einfach nicht so anspruchsvoll. Ich mag einfache und leckere Speisen. Du musst dir an meinem Geburtstag nicht so viel Mühe geben.

Victoria: Ich dachte eben, dass ich dir was Leckeres kochen kann, was du nicht jeden Tag isst.

Melissa: Nein, die Pizza reicht. Dafür will ich einen leckeren Kuchen.

Victoria: Was ist denn dein Lieblingskuchen?

Melissa: Ich will einen Erdbeer-Käsekuchen. Den, den du letztes Jahr an Omas Geburtstag gemacht hast. Der war so lecker.

Victoria: Kein Problem, den Käsekuchen mache ich dir im Handumdrehen.

Melissa: Das freut mich.

FAVORITE FOOD

Victoria: What do you want to eat for your birthday?

Melissa: Well, a cake, what did you think?

Victoria: Yes, but I mean for dinner. What's your favorite food?

Melissa: I don't know exactly. I really like pancakes.

Victoria: But that's boring. Pancakes are done in 5 minutes. You can eat that every day. I mean something special. Something that you can't have every day.

Melissa: Then I'll take a pizza. You can eat that every day, but that's what I like best.

Victoria: All right, we can make pizza. But I still think it's very boring. My favorite food, for example, is Coq au Vin. We can't have that every day.

Melissa: I'm just not that special. I like simple and tasty food. You don't have to bother so much on my birthday.

Victoria: I just thought that I could cook something delicious for you that you don't eat every day.

Melissa: No, the pizza is enough. I want a delicious cake instead.

Victoria: What is your favorite cake?

Melissa: I want a strawberry cheesecake. The one you made last year on grandma's birthday. It was so delicious.

Victoria: No problem, I'll make the cheesecake for you in no time.

Melissa: That makes me happy.

73

ELEKTRIKER - ELECTRICIAN

Jason: Hallo, sind Sie es, die angerufen haben?

Vivien: Ja, bei mir ist die Lampe in der Küche kaputt gegangen. Dann habe ich bemerkt, dass mein kompletter Strom ausgefallen ist. Das ist jetzt zwei Stunden her und ich habe immer noch keinen Strom. Ich hatte gehofft, dass Sie mir das irgendwie reparieren können. Ich brauche meinen Laptop nämlich gleich. Und der Akku ist leer.

Jason: Ja, ich bin mir sicher, dass sich da etwas machen lässt. Ihre Nachbarn haben aber noch Strom, oder?

Vivien: Ja, bei denen ist alles wie immer.

Jason: Dann gibt's wohl nur in Ihrer Wohnung ein Problem. Ich schaue mir das mal an.

Vivien: Gerne, das hier ist die Lampe, die kaputt gegangen ist.

Jason: Ja, da ist eindeutig die Glühbirne durchgebrannt.

Vivien: Was bedeutet das jetzt?

Jason: Dadurch wurde sehr wahrscheinlich ein Kurzschluss verursacht. Das bedeutet, dass wahrscheinlich in Ihrer ganzen Wohnung die Sicherung herausgesprungen ist. Wo ist denn Ihr Sicherungskasten?

Vivien: Der ist gleich hier an der Wand. Sie können ihn gerne aufmachen.

Jason: Ja, das sehe ich auf den ersten Blick. Der Sicherungsschalter ist umgelegt. Wenn ich diesen betätige, wird der Strom wieder gehen. So.

Vivien: Oh, wow. Das ging ja schnell.

Jason: Ja, vielleicht haben Sie auch den Klick des Schalters gehört, als die Sicherung herausgesprungen ist. Dann können Sie den Strom ganz einfach wieder einschalten.

Vivien: Oh, wie dumm von mir. Naja, wenigstens weiß ich es jetzt für das nächste Mal.

Jason: Wie hätten Sie das auch wissen sollen?

Vivien: Vielen Dank Ihnen!
Jason: Gern geschehen!

ELECTRICIAN

Jason: Hello, is that you who called?

Vivien: Yes, the lamp in my kitchen broke. Then I noticed that all my power went out. That was two hours ago and I still don't have electricity. I was hoping, you could fix it for me somehow. I need my laptop right away. And the battery is empty.

Jason: Yes, I'm sure something can be done. Your neighbors still have electricity, don't they?

Vivien: Yes, everything is the same in their apartment.

Jason: Then the problem is probably only in your apartment. I'll take a look at it.

Vivien: Sure, this is the lamp that broke.

Jason: Yes, the light bulb definitely burnt out.

Vivien: What does that mean?

Jason: That probably caused a short circuit. That means that the fuse blew in your whole apartment. Where is your fuse box?

Vivien: It's right here on the wall. You're welcome to open it.

Jason: Yes, I can see that at first glance. The safety switch is turned down. If I operate it, the power will go back on. Like this.

Vivien: Oh, wow. That went fast.

Jason: Yeah, maybe you heard the switch click when the fuse came out. Then you can simply turn the power back on.

Vivien: Oh, how stupid of me. Well, at least now I know for the next time.

Jason: Well, how could you have known that?

Vivien: Thank you very much!

Jason: You're welcome!

74

KUNST - ART

Marlon: Diese Bilder sind wirklich wunderschön. Als die Direktorin gesagt hat, dass die ganze Schule auf eine Kunstausstellung geht, dachte ich zuerst, das wird extrem langweilig. Aber jetzt, wo ich hier bin, finde ich es wirklich schön, das hätte ich nie gedacht. gefällt es dir denn auch?

Hannes: Naja, ich bin nicht so der Kunstfan. Jedes Mal, wenn ich vor einem Bild stehe, finde ich zwar die Farben ganz schön, aber ich weiß nie, was es bedeutet. Vor allem abstrakte Kunst verstehe ich nie.

Marlon: Ich glaube, es geht eher darum, was du fühlst, wenn du die Bilder anschaust.

Hannes: Das ist es ja. Ich fühle nichts. Die Bilder sind für mich vollkommen neutral.

Marlon: Das ist nicht schlimm. Du kannst sie auch einfach nur schön finden. Man muss Kunst nicht immer eine Bedeutung zuordnen.

Hannes: Dann ist es ja gut. Trotzdem wäre ich zum Schulausflug lieber ins Kino gefahren. Filme verstehe ich wenigstens.

Marlon: Du kannst dich ja bei der Direktorin beschweren, aber das wird nicht viel bringen. Versuch einfach, das Beste daraus zu machen und schau dir die Bilder an.

Hannes: Ja, so schlimm ist es hier auch wieder nicht. Manche Bilder gefallen mir ja auch.

Marlon: Das hier finde ich zum Beispiel besonders cool. Es sind abstrakte Farben und Kleckse, aber ein realistisches Porträt dahinter. Ich weiß zum Beispiel auch nicht, was es bedeutet, aber schön ist es trotzdem. Wie gefällt es dir?

Hannes: Ich mag es, wenn Bilder etwas realistischer und bunt sind. Das würde ich mir auch in mein Zimmer hängen.

ART

Marlon: These pictures are really beautiful. When the principal said that the whole school was going to an art exhibition, I thought it was going to be extremely boring. But now that I'm here, I think it's really nice. I would have never guessed that. Do you like it?

Hannes: Well, I'm not a big art fan. Every time I stand in front of a painting, I think the colors are beautiful, but I never know what it means. Above all, I never understand abstract art.

Marlon: I think it's more about what you feel when you look at the pictures.

Hannes: That's what it is. I don't feel anything. The pictures are completely neutral for me.

Marlon: That's not bad. You can also just find them beautiful. You don't always have to assign a meaning to art.

Hannes: Then it's fine. Nevertheless I would have preferred to go to the cinema as a school trip. At least I understand movies.

Marlon: You can complain to the principal, but that won't do much. Just try to make the best of it and look at the paintings.

Hannes: Yes, it's not that bad here. Some pictures I do like.

Marlon: I think this one is especially cool, for example. It's abstract colors and blobs, but a realistic portrait behind them. I don't know what it means either but it's beautiful anyway. Do you like it?

Hannes: I like it when paintings are more realistic and colorful. I would hang that up in my room, too.

75

NACHBARN - NEIGHBORS

Jannis: Hallo Nachbar! Was machst du denn da?

Henry: Ach, ich streiche die Wand. Letzte Woche hat meine Tochter da einen Fleck mit einem Wachsmalstift gemacht. Die Vermieterin hat gesagt, dass ich das selbst überstreichen muss.

Jannis: Oh, das ist natürlich blöd. Wie geht es deiner Tochter? Ich habe sie schon lange nicht mehr gesehen. In welcher Klasse ist sie eigentlich jetzt?

Henry: Ihr geht es wie immer gut. Sie ist jetzt in der zweiten Klasse und schreibt wirklich gute Noten. Ich kann mich nicht beschweren. Aber mit ihren Stiften muss sie wirklich besser aufpassen. Es reicht mir schon, eine Wand zu streichen.

Jannis: Das freut mich. Vielleicht könnt ihr ja mal wieder auf einen Kaffee bei mir vorbeikommen. Meine Frau hat schon gesagt, dass ich euch mal wieder einladen soll. Sie will sich noch dafür bedanken, dass du ihr Paket angenommen hast.

Henry: Das können wir gerne machen. Sonntag passt uns immer am besten, weil wir da alle zu Hause sind. Wir können aber auch mal im Garten grillen. Seit diesem Jahr ist das erlaubt.

Jannis: Das wäre natürlich super. Du musst mir außerdem einen Gefallen tun. Meine Frau und ich wollen in zwei Wochen in Urlaub fahren. Wir bräuchten jemanden, der jeden Tag unsere Fische füttert. Könntest du das vielleicht erledigen? Die Nachbarin von unten hat es beim letzten Mal vergessen. Da sind uns drei Fische gestorben.

Henry: Ja, selbstverständlich. Sag mir dann einfach, was ich machen muss, damit ich das vermeiden kann.

Jannis: Danke! Mache ich, so schwer ist das nicht. Dann bis dann!

Henry: Bis dann, Nachbar!

NEIGHBORS

Jannis: Hello, neighbor! What are you doing?

Henry: Oh, I'm painting the wall. Last week my daughter made a stain with a wax crayon. The landlady said that I had to paint it over myself.

Jannis: Oh, that's a pity. How is your daughter? I haven't seen her for a long time. What grade is she in now?

Henry: As always, she's fine. She is in the second grade now and has really good grades. I can't complain. But she really has to be more careful with her pens. It's enough for me to paint one wall.

Jannis: That makes me happy. Maybe you can come over for a coffee sometime. My wife already said that I should invite you again. She wants to thank you for accepting her package from the mailman.

Henry: We can do that. Sunday always suits us best, because we are all at home that day. But we can also have a barbecue in the garden. Since it is allowed this year.

Jannis: Of course, that would be great. I also need a favor from you. My wife and I want to go on holiday in two weeks. We need someone to feed our fish every day. Could you maybe do that? The neighbor from downstairs forgot it last time. Three fish died because of her.

Henry: Yes, of course. Just tell me what I have to do to avoid that.

Jannis: Thank you! I will, it's not that hard. See you then!

Henry: So long, neighbor!

76

TIERE IN AUSTRALIEN - ANIMALS IN AUSTRALIA

Marcel: Ich freue mich schon so. Ich habe gerade erfahren, dass ich nächstes Jahr ein Auslandssemester in Australien machen darf. Das wird so toll! Ich habe sogar schon extra eine Kamera für die Reise gekauft.

Vincent: Was willst du denn damit fotografieren? Deine Prüfungen oder die Vogelspinnen die du zwischen deiner Wäsche findest?

Marcel: Sehr witzig, Marcel. Die schöne Landschaft natürlich! Australien hat so viele Klimazonen und atemberaubende Natur, da wollte ich schon immer mal hin.

Vincent: Und zu dieser Natur gehören auch die ganzen giftigen Tiere. Wusstest du, dass 9 von 10 der tödlichsten Tiere auf der Erde in Australien leben?

Marcel: Nein, das wusste ich nicht, aber danke, dass du mich nochmal daran erinnerst, was für Tiere es dort gibt. Ich mag zwar keine Schlangen oder Spinnen, aber Australien ist trotzdem schön.

Vincent: Ja, ist es. Aber es hat auch die gefährlichste Natur auf Erden. Da hilft dir auch kein Mückenschutz-Spray. Und dort gibt es so viele Kängurus, dass die Menschen sie schon töten und zu Fleisch verarbeiten müssen.

Marcel: Also, ich finde Kängurus süß und freue mich schon darauf, eines zu sehen.

Vincent: Ein Känguru könnte dich so schnell bewusstlos treten, dass du es nicht einmal mitbekommen würdest. Dann findest du sie wahrscheinlich nicht mehr so süß.

Marcel: Okay, Vincent, ich habe es kapiert. Du bist eifersüchtig und willst mir deswegen Australien schlecht machen. Aber das wird nicht funktionieren.

Vincent: Das weiß ich doch. Ich wollte nur, dass du weißt, auf was du dich einlässt. Ich will schließlich, dass du wieder heil zurückkommst.

ANIMALS IN AUSTRALIA

Marcel: I'm so excited. I just found out that next year I can do a semester abroad in Australia. It will be so great! I even bought a camera especially for the trip.

Vincent: What do you want to photograph with it? Your exams or the tarantulas you find in your laundry?

Marcel: Very funny, Vincent. The beautiful landscape of course! Australia has so many different climate zones and breathtaking nature. I always wanted to go there.

Vincent: And all the poisonous animals that belong to this nature. Did you know that 9 of the 10 deadliest animals on earth live in Australia?

Marcel: No, I didn't know that, but thank you for reminding me again. I don't like snakes or spiders, but Australia is still beautiful.

Vincent: Yes, it is. But it also has the most dangerous nature on earth. No mosquito spray on earth will help you there. And there are so many kangaroos that people have to kill them and process them into meat.

Marcel: Well, I think kangaroos are sweet and I'm looking forward to seeing one.

Vincent: A kangaroo could kick you unconscious so fast that you wouldn't even notice it. Then you probably wouldn't find them so cute anymore.

Marcel: Okay, Vincent, I get it. You're jealous and that's why you want to make Australia look bad to me. But that won't work.

Vincent: I know that. I just wanted you to know what you're getting yourself into. I want you to come back safe and sound.

77

TRADITIONEN - TRADITIONS

Adrian: Was hattest du in deiner Familie für Traditionen, als du noch klein warst?

Lars: Alle Traditionen, die wir damals hatten, haben wir immer noch. Zum Beispiel kommen jedes Mal, wenn ein Familienmitglied Geburtstag hat, alle Verwandten zusammen und es gibt ganz viel Kaffee und Kuchen.

Adrian: Naja, aber das ist jetzt nichts Besonderes. Das wird bei uns genauso gemacht.

Lars: Am Tag vor einem Geburtstag spielen ich, meine Eltern und mein Bruder immer Monopoly. Das machen wir schon, seitdem wir klein sind. Ich weiß auch nicht wirklich, warum. Was macht ihr in eurer Familie so?

Adrian: Wenn jemand Namenstag hat, gibt es bei uns immer Germknödel. Das ist das Lieblingsessen von allen.

Lars: Hm, das ist wirklich komisch. Aber Germknödel mag ich auch. Mir ist auch eingefallen, dass wir in unserer Familie jeden Abend ‚Tatort' anschauen. Und das, seitdem wir noch kleine Kinder sind. Ich habe vielleicht insgesamt nur 10 Folgen verpasst.

Adrian: Wow, dann hast du wohl einige Folgen gesehen. Am Samstagabend schaue ich mit meiner Familie immer einen Film an, der um 20.15 Uhr im Fernsehen läuft. Manchmal sind zwar keine guten Filme dabei, aber wir schauen sie trotzdem an.

Lars: Ja, manchmal schaue ich da auch einen an. Aber dann gehe ich doch lieber online. Da kann ich mir den Film wenigstens aussuchen. Ich finde, im Fernsehen kommen immer schlechte Filme.

Adrian: Ja, in Zukunft wird diese Tradition wahrscheinlich durch einen Online Streaming Dienst ersetzt werden. Aber bis dahin behalten wir sie noch.

TRADITIONS

Adrian: What traditions did you have in your family when you were little?

Lars: We still have all the traditions we had back then. For example, every time a family member has a birthday, all the relatives come together and there's lots of coffee and cake.

Adrian: Well, but that's nothing special. It's the same with us.

Lars: The day before a birthday I, my parents and my brother always play Monopoly. We've been doing that ever since we were little. I don't really know why either. What do you do in your family?

Adrian: When someone has name-day, we always have yeast dumplings. That's everyone's favorite food.

Lars: Hm, that's really funny. But I also like yeast dumplings. I also remember that we watch 'Tatort' every evening in our family. Since we are still little children. I only missed maybe 10 episodes altogether.

Adrian: Wow, then you must have seen a lot of episodes. On Saturday evening me and my family always watch a movie that is shown on TV at 8.15 pm. Sometimes there are no good movies, but we watch them anyway.

Lars: Yes, I sometimes watch one of those. But then I'd rather go online. At least I can choose the movie there. I always find bad movies on television.

Adrian: Yes, in the future this tradition will probably be replaced by an online streaming service. But until then, we'll do it.

78

ALTE FREUNDE - OLD FRIENDS

Aileen: Hallo Fiona! Bist du das? Ich bin es, Aileen!

Fiona: Hallo, Aileen! Dich habe ich ja schon ewig nicht mehr gesehen! Wie lang ist das denn her? 5 Jahre?

Aileen: Ja, so in etwa. Das letzte Mal war auf dem Klassentreffen. Wie geht es dir denn so? Was gibt es Neues in deinem Leben?

Fiona: Ich bin jetzt verheiratet und habe einen kleinen Sohn. Er ist mittlerweile 2 Jahre alt. Wir sind außerdem in eine andere Stadt gezogen. Ich bin nur hier, um meine Mutter zu besuchen. Und was hat sich bei dir verändert?

Aileen: Bei mir das Gleiche. Ich habe vor 8 Monaten eine kleine Tochter bekommen. Mit dem Vater bin ich noch nicht verheiratet. Wir glauben nicht an die Ehe. Ich habe das Haus meiner Eltern geerbt und da wohnen wir jetzt immer noch.

Fiona: Das ist ja wirklich toll. Jetzt sind wir beide Mamas. Wer hätte das gedacht?

Aileen: Stimmt. Früher hätten wir uns das nie vorstellen können.

Fiona: Wie wäre es, wenn wir uns mal auf einen Kaffee treffen, so lange ich noch hier bin. Dann können wir uns ein bisschen austauschen und über alles reden, was es Neues gibt.

Aileen: Das wäre toll. Ich will unbedingt wissen, was du jetzt alles machst. Sonst sehen wir uns ja kaum noch. Das nächste Klassentreffen ist erst in 5 Jahren.

Fiona: Ja, so lange will ich auch nicht warten. Wie wäre es morgen um 16 Uhr?

Aileen. Das passt perfekt. Ich gebe dir noch schnell meine Handynummer, damit wir den Treffpunkt ausmachen können.

Fiona: Okay.

Aileen: 0176 5443 786.

Fiona: Super, dann bis dann!

Aileen: Bis morgen.

OLD FRIENDS

Aileen: Hello Fiona! Is that you? It's me, Aileen!

Fiona: Hello Aileen! I haven't seen you for ages! How long has it been? 5 years?

Aileen: Yes, about 5. The last time was at the reunion. How are you doing? What's new in your life?

Fiona: I am married now and have a little son. He is 2 years old now. We also moved to another city. I'm just here to visit my mother. And what has changed with you?

Aileen: The same with me. I had a little daughter 8 months ago. I'm not married to her father yet. We do not believe in marriage. I inherited my parents' house and we still live there.

Fiona: That's really great. Now we are both moms. Who would have thought that?

Aileen: Right. We would never have imagined that before.

Fiona: How about we meet for a coffee while I'm still here? Then we can have a little chat and talk about everything.

Aileen: That would be great. I really want to know what you're doing now. Otherwise we hardly see each other anymore. The next class reunion is in 5 more years.

Fiona: Yes, I don't want to wait that long. How about tomorrow at 4 p.m.?

Aileen. That fits perfectly. I'll give you my phone number so we can find a location.

Fiona: Okay.

Aileen: 0176 5443 786.

Fiona: Great, see you then!

Aileen: See you tomorrow.

79

ANZEIGE ERSTATTEN - FILING A COMPLAINT

Jens: Hallo, brauchen Sie etwas?

Isabel: Ja, ich bin hier, weil ich Anzeige erstatten will.

Jens: Da sind Sie bei der Polizei richtig.

Isabel: Okay, mir wurde nämlich mein Laptop gestohlen.

Jens: Wo ist das passiert?

Isabel: In der Bibliothek. Ich war da, um zu lernen und bin nur kurz auf die Toilette gegangen. Als ich zurückkam, waren mein Laptop und das Kabel weg.

Jens: Okay, dann nehme ich das gleich so auf. Bitte beschreiben Sie, wie ihr Laptop aussieht.

Isabel: Es ist ein MacBook Air 2015. Außerdem habe ich so einen Aufkleber auf der Oberseite. Ein Bild vom Weltall in Pink.

Jens: Okay, habe ich aufgeschrieben.

Isabel: Außerdem war er in einer lilanen Schutzhülle.

Jens: Okay. Dann bräuchte ich noch Ihren Ausweis, damit wir Ihre Daten aufnehmen können.

Isabel: Sicher, hier ist er.

Jens: Ich sage Ihnen gleich, es kann sein, dass wir Ihren Laptop nicht wieder finden. Diebe lassen sich meist schwer ertappen, da sie mit der gestohlenen Ware nicht in der Öffentlichkeit herumlaufen. Versuchen Sie die nächsten Tage in die Bibliothek zu gehen und den Dieb zu finden. Welches Hintergrundbild hat denn Ihr Laptop?

Isabel: Ein Bild von meinem letzten Karibikurlaub. Aber ich bin nicht darauf, sondern nur das Meer.

Jens: Okay, es kann sein, dass der Dieb das Bild nicht geändert hat. Hatten Sie ein Passwort für den Laptop eingerichtet?

Isabel: Nein, er geht einfach an, wenn man ihn aufklappt.

Jens: Damit haben Sie es dem Dieb leichter gemacht.

Isabel: Ja, leider. Aber ich werde die nächsten Tage schauen, ob ich ihn mit dem Laptop sehe.

Jens: Genau, und dann rufen Sie sofort bei mir an.

Isabel: Okay, danke für Ihre Hilfe.

Jens: Nichts zu danken.

FILING A COMPLAINT

Jens: Hello, do you need anything?

Isabel: Yes, I'm here because I want to file a complaint.

Jens: You're in the right place at the police station.

Isabel: Okay, I had my laptop stolen.

Jens: Where did that happen?

Isabel: In the library. I was there to study and just went to the toilet. When I came back, my laptop and the cable were gone.

Jens: Okay, then I'll record it right away. Please describe what your laptop looks like.

Isabel: It's a MacBook Air 2015 and I also have a sticker on the top. A picture of space in pink.

Jens: Okay, I wrote it down.

Isabel: It was in a purple protective cover.

Jens: Okay. Then I need your ID so that we can record your data.

Isabel: Sure, here it is.

Jens: I'll tell you right away, we might not find your laptop again. Thieves are usually hard to catch because they don't walk around in public with the stolen goods. Try finding the thief at the library for the next few days. What wallpaper does your laptop have?

Isabel: A picture from my last holiday in the Caribbean. But I'm not on it, only the sea.

Jens: Okay, it's possible that the thief didn't change the picture. Did you have a password for the laptop?

Isabel: No, it just turns on when you open it.

Jens: You made it easier for the thief.

Isabel: Yes, unfortunately. But I'll see if I see him with the laptop in the next few days.

Jens: Exactly, and then you call me immediately.

Isabel: Okay, thanks for your help.

Jens: You're welcome.

80

EINE WETTE - A BET

Amy: Caroline! Was machst du da?

Caroline: Ich gehe auf den 10 Meter Turm! Ich gehe fast jeden Tag ins Schwimmbad, aber bin noch nie von da oben heruntergesprungen. Langsam wird es mal Zeit.

Amy: Naja, so hoch ist das auch wieder nicht. Da bin ich schon so oft heruntergesprungen.

Caroline: Ach wirklich? Ich wette, du traust dich nicht. Ich habe dich nämlich noch nie da oben gesehen. Und wir gehen immer zusammen ins Schwimmbad.

Amy: Und ich wette, dass du dich nicht traust. Warte nur bis du oben an der Kante stehst. Dann wirst du ganz anders darüber denken. Da kriegst du nämlich Höhenangst.

Caroline: Nein, das glaube ich nicht. Komm doch mit, dann können wir nacheinander springen. Derjenige, der nicht springt, muss der anderen ein Eis ausgeben.

Amy: Abgemacht. Dann los.

Caroline: So, wer springt jetzt zuerst? Du?

Amy: Naja, es war ja deine Idee. Dann ist es nur fair, dass du zuerst springst.

Caroline: Na schön. Aber ich muss dir recht geben. Von hier oben sieht es nochmal ganz anders aus. Irgendwie viel höher als vorher. Ich kann alle Becken und Menschen von hier aus sehen. Meinst du, das ist der höchste Punkt der Stadt?

Amy: Nein, es gibt Gebäude, die wesentlich höher sind. Und jetzt spring!

Caroline: Spring du doch zuerst! Warum soll ich zuerst springen? Du hast doch gesagt, du hast es schon einmal gemacht. Dann wird es dir ja sicher ganz leicht fallen.

Amy: Na gut. Dann springe ich eben zuerst. Geh zur Seite.

Caroline: Und los!

Amy: Ich freue mich schon auf mein Eis. Tschüß!

A BET

Amy: Caroline! What are you doing?

Caroline: I'm going up the 10-meter tower! I go to the swimming pool almost every day, but I've never jumped down from up there before. It's about time.

Amy: Well, it's not that high. I've jumped down a few times before.

Caroline: Really? I bet you don't dare. Because I've never seen you up there before. And we always go to the swimming pool together.

Amy: And I bet you don't dare. Just wait until you're standing at the top of the edge. Then you will think differently about it. You'll get a fear of heights.

Caroline: No, I don't think so. Why don't you come along, then we can jump one after the other. The one who doesn't jump has to buy the other one an ice cream.

Amy: It's a deal. Then let's go.

Caroline: Who is jumping first? You?

Amy: Well, it was your idea. Then it's only fair that you jump first.

Caroline: All right. But first I have to agree with you. From up here it looks completely different. Somehow much higher than before. I can see all the pools and people from here. Do you think this is the highest point of the city?

Amy: No, there are buildings that are much taller. And now jump!

Caroline: You jump first! Why should I jump first? You said you had done it before. Then it will certainly be easier for you.

Caroline: All right. Then I will jump first. Move!

Amye: And go!

Caroline: I'm looking forward to my ice cream. Bye!

81

WILLST DU MIT MIR AUSGEHEN? - DO YOU WANT TO GO OUT WITH ME?

Kilian: Hallo Anne. Wie geht es dir so?
Anne: Hallo Kilian. Gut, und dir?
Kilian: Ja, alles wie immer. Ich wollte dich noch etwas fragen.
Anne: Ja, gerne. Was denn?
Kilian: Wir haben ja in letzter Zeit oft miteinander geredet und geschrieben. Ich finde, wir beide verstehen uns wirklich gut und da wollte ich fragen, ob du mal mit mir ausgehen willst?
Anne: Ich finde auch, dass wir uns gut verstehen, aber ich dachte, dass es eher in eine freundschaftliche Richtung geht. Siehst du das nicht so?
Kilian: Ich sehe dich auf jeden Fall als gute Freundin an, aber ich glaube, dass daraus auch mehr werden kann. Ich finde, wir würden wirklich gut zusammenpassen. Es heißt doch immer, dass der feste Freund auch der beste Freund sein soll. Das würde bei uns passen.
Anne: Naja, da hast du schon recht, aber ich habe das einfach bisher noch nicht so gesehen…
Kilian: Wir können es ja mal ausprobieren und zusammen ins Kino gehen. Wenn es nicht funktioniert, können wir es immer noch lassen.
Anne: Ich habe nur Angst, dass das unsere Freundschaft zerstört.
Kilian: Nein, das glaube ich nicht. Wenn wir nicht zusammenpassen, sind wir uns ja nicht böse.
Anne: Na gut, dann lass uns ins Kino gehen oder bei dir einen Film anschauen.
Kilian: Okay, super. Keine Angst, das wird ganz locker. Wie wäre es mit diesem Samstag?
Anne: Dieser Samstag passt bei mir gut. Wann willst du dich treffen?
Kilian: So um 6 Uhr abends?

Anne: In Ordnung. Dann komme ich einfach zu dir. Wir können ja dann immer noch ins Kino gehen.

Kilian: Nein, nein. Es muss schon ein richtiges Date sein. Ich hole dich mit dem Auto ab und wir fahren ins Kino.

Anne: Okay, dann machen wir es so.

DO YOU WANT TO GO OUT WITH ME?

Kilian: Hello Anne. How are you doing?

Anne: Hello Kilian. Good, and yourself?

Kilian: Yes, fine as usual. I wanted to ask you something else.

Anne: Yes, sure. What is it then?

Kilian: We've talked and messaged a lot lately. I think we understand each other well and I wanted to ask if you want to go out with me?

Anne: I also think that we understand each other well, but I thought it would be more like a friendship. Don't you see it that way?

Kilian: I definitely consider myself a good friend of yours, but I believe that more can come of it. I think we would fit together really well. It's always said that the boyfriend should also be the best friend. That sounds a lot like us.

Anne: Well, you're right about that, but I just haven't looked at it in that way before...

Kilian: We can try it out and go to the cinema together. If it doesn't work, we can still be friends.

Anne: I'm just afraid that this will ruin our friendship.

Kilian: No, I don't think so. If we're not a match we won't be mad at each other.

Anne: Well, then let's go to the cinema or watch a movie at your place.

Kilian: Okay, great. Don't worry, it'll be chill. How about this Saturday?

Anne: This Saturday works for me. When do you want to meet?

Kilian: At 6 in the evening?

Anne: All right. I'll just come to you. Then we can still go to the cinema.

Kilian: No, no. It must be a real date. I'll pick you up by car and we'll go to the movies.

Anne: Okay, then let's do it like this.

82

EINKAUFSLISTE - SHOPPING LIST

Eva: Also Mama, was brauchen wir denn alles vom Supermarkt? Du weißt, wenn ich alleine gehe, vergesse ich immer die Hälfte. Diesmal schreibe ich mir gleich eine Liste. Dann kannst du dich nicht beschweren.

Ida: Okay, dann schaue ich mal in den Kühlschrank, was so alles fehlt.

Eva: Ich bin schon bereit zum Schreiben.

Ida: Also, wir brauchen mindestens 3 Becher Joghurt. Aber nicht die kleinen Becher, sondern die mit 500g.

Eva: Okay.

Ida: Dann brauchen wir zwei Päckchen Butter, eine Packung Toast und ein Glas Marmelade. Dann haben wir schon mal das Frühstück für die nächste Woche.

Eva: Alles klar, habe ich aufgeschrieben.

Ida: Dann brauchen wir eine Schachtel Eier. Aber nicht die kleine mit 6 Eiern, sondern die mit 10 Eiern. Bitte achte darauf, dass du Eier aus Freiland-Haltung nimmst. Wenn es geht, auch die Bio-Eier.

Eva: Okay, mache ich.

Ida: Dann brauchen wir noch eine Packung Klopapier. Wir haben zwar noch welches, aber sicher ist sicher. Als Nächstes schreibst du bitte verschiedenes Gemüse auf. Da kannst du dir aussuchen, welches du kaufen willst. Das Übliche eben. Tomaten, Gurken, Brokkoli, Paprika.

Eva: Ja, habe ich. Brauchen wir sonst noch etwas?

Ida: Hm, fällt dir denn noch etwas ein?

Eva: Unsere Getränke sind eigentlich auch ausgegangen. Wenn ich schon fahre, dann kann ich da ja auch noch welche mitnehmen, oder?

Ida: Klar, wenn dir die Kästen alleine nicht zu schwer sind?

Eva: Nein, das geht schon. Also, was brauchen wir?

Ida: Einen Kasten Mineralwasser, einen Kasten Kirschsaft und einen halben Kasten Bier für Papa.

Eva: Alles klar. Dann fahre ich jetzt los. Wenn dir noch etwas einfällt schreib es mir einfach per SMS.

SHOPPING LIST

Eva: Mom, what do we need from the supermarket? You know when I go alone I always forget half of the things. This time I'll write myself a list. Then you can't complain.

Ida: Okay, then I'll take a look in the fridge to see what's missing.

Eva: I am ready to write it down.

Ida: Well, we need at least 3 pints of yogurt. But not the small ones, but the ones with 500g.

Eva: Okay.

Ida: Then we need two packets of butter, a packet of toast and a glass of jam. Then we already have breakfast for the next week.

Eva: All right, I wrote it down.

Ida: Then we need a carton of eggs. But not the small one with 6 eggs, but the one with 10 eggs. Please make sure that you pick free range eggs. If possible they should be organic too.

Eva: Okay, I will.

Ida: Then we need another pack of toilet paper. We still have some but just to be safe. Next we need some different vegetables. You can choose which ones you want to buy. Just the usual. Tomatoes, cucumbers, broccoli, paprika.

Eva: Yes, do we need anything else?

Ida: Hm, can you think of anything else?

Eva: Our drinks are actually empty, too. If I'm driving there anyway, I might as well take some with me, right?

Ida: Sure, if the crates are not too heavy for you?

Eva: No, it's fine. So, what do we need?

Ida: A case of mineral water, a case of cherry juice and half a case of beer for Dad.

Eva: All right. If you think of anything else, just send me an SMS.

83

STEUERN - TAXES

Bastian: Diesmal hatten wir einen ganzen Stapel Briefe im Briefkasten. Einige davon sind für dich. Hier.

Joshua: Das dachte ich mir schon. Das sind garantiert alles Rechnungen. Niemand schreibt heutzutage mehr richtige Briefe. Ich weiß, dass bei mir einige Steuern überfällig sind.

Bastian: Also, den Rundfunkbeitrag müssen wir für diesen Monat auf jeden Fall noch bezahlen. Ich glaube, dass wir sogar den letzten Monat mitzahlen müssen, weil wir es da vergessen haben.

Joshua: Ja, das kann gut sein. Und den Strom haben wir schon seit zwei Monaten nicht mehr bezahlt. Das kommt auch noch dazu. Das sind dann etwa 89,90 Euro.

Bastian: Okay, das teilen wir dann einfach durch zwei und jeder überweist seinen Teil.

Joshua: Ah, in diesem Brief ist eine Rechnung von einem Onlineshop. Das weiß ich. Also, die ist wirklich nur für mich.

Bastian: Der Brief, den du da in der Hand hast, ist für mich. Das muss die Kirchensteuer sein.

Joshua: Bezahlst du die etwa immer noch? Du bist doch gar nicht so religiös. Trete doch einfach aus der Kirche aus.

Bastian: Meine Mutter will nicht, dass ich das mache. Außerdem kostet es auch Geld, auszutreten. Es ist also nicht so einfach, wie du dir das denkst.

Joshua: Ja, aber das kostet nur einmalig Geld. So zahlst du monatlich einen kleinen Betrag, der sich über die Jahre sehr stark hochrechnet.

Bastian: Ja, du hast schon recht. Ich muss mich da mal drum kümmern. Aber zuerst bezahlen wir den Rundfunkbeitrag. Sonst fallen da ganz schnell Mahngebühren an.

Joshua: Ja, so wie beim letzten Mal. Hast du eigentlich die Miete für diesen Monat schon bezahlt?

Bastian: Ja, die ist bezahlt.

TAXES

Bastian: This time we had a whole stack of letters in the mailbox. Some of them are for you. Here.

Joshua: I thought so. They're all bills, guaranteed. Nobody writes real letters these days. I know that I have some taxes overdue.

Bastian: We still have to pay the radio contribution for this month anyway. I think that we even have to count the last month because we forgot it then.

Joshua: Yes, that's possible. And we haven't paid for electricity for two months now. And that's added to that. That's about 89.90 euros.

Bastian: Okay, we'll just divide that by two and everyone pays their share.

Joshua: Ah, in this letter there is an invoice from an online shop. I know that. So it's just for me.

Bastian: The letter you have in your hand is for me. That must be the church tax.

Joshua: Are you still paying it? You're not even religious. Just leave the church.

Bastian: My mother doesn't want me to do that. It also costs money to leave. So it's not as easy as you think.

Joshua: Yes, but it only costs money once. You pay a small monthly amount, which adds up over the years.

Bastian: Yes, you're right. I'll have to take care of that. But first we have to pay the radio contribution. Otherwise we'll have to pay reminder fees very quickly.

Joshua: Yes, just like last time. Have you already paid the rent for this month?

Bastian: Yes, it's paid.

84

WÄSCHE - LAUNDRY

Leonard: Hey, ich werfe jetzt meine Wäsche in die Waschmaschine, aber da wäre noch Platz. Willst du von dir etwas dazu werfen?
Mike: Welche Farbe hat denn deine Wäsche?
Leonard: Spielt das denn eine Rolle? Ich wasche immer alles zusammen.
Mike: Ja, natürlich spielt das eine Rolle. Wenn du immer alles zusammen wäschst, waschen sich die Farben nach einer Zeit aus. Dann werden deine weißen Oberteile grau und auch deine schwarzen Sachen werden blasser.
Leonard: Das wusste ich nicht. Ich bin eben kein Wäsche-Experte.
Mike: Naja, das ist eigentlich Grundwissen. Hast du nie gesehen, wie deine Mutter die Wäsche in verschiedene Haufen sortiert?
Leonard: Nein, die hat das auch immer nur so gemacht. Und meine T-Shirts waren eigentlich nie ausgewaschen. Obwohl ich glaube, dass sie die weißen Sachen wirklich getrennt gewaschen hat.
Mike: Ja, also. Wenn ich meine Wäsche mit deiner zusammentue, wäscht es mir nur alles aus.
Leonard: Das Gute ist, ich trage so oder so nur schwarze Sachen. Meine Wäsche ist also immer geordnet.
Mike: Naja, wenn das so ist, kann ich schon ein paar T-Shirts dazugeben. Dann spare ich mir die Wäsche. Hast du denn Waschmittel?
Leonard: Nein, ich wasche die Wäsche einfach immer auf 80°C. Da werden die Bakterien schon abgetötet.
Mike: Was? Aber dann fangen die Sachen doch irgendwann zu stinken an. Geschweige denn die Waschmaschine!
Leonard: Also bis jetzt habe ich noch nichts bemerkt.
Mike: Okay, dann wasche ich meine Sachen doch nicht mit. Danach sind sie ja schmutziger als vorher.
Leonard: Wie du willst.

LAUNDRY

Leonard: Hey, I'm throwing my laundry in the washing machine now, but there's still room. Do you want to throw something in too?

Mike: What color is your laundry?

Leonard: Does that matter? I always wash everything together.

Mike: Yeah, of course it does. If you always wash everything together, the colors will wash out after a while. Then your white tops turn grey and your black clothes turn paler.

Leonard: I didn't know that. I'm not a lingerie expert.

Mike: Well, that's actually basic knowledge. Have you never seen your mother sort the laundry into different piles?

Leonard: No, she just did it that way. And my T-shirts were never washed out. Although I think she really washed the white clothes separately.

Mike: Well, when I do my laundry with yours, it just washes everything out.

Leonard: The good thing is, I'm only wearing black stuff anyway. So my laundry is always in order.

Mike: Well, if that's the case, I can add some shirts. Then I'll save me the laundry. Do you have any detergent?

Leonard: No, I just always wash the laundry at 80°C. That kills the bacteria.

Mike: What? But then things start to stink at some point. Not to mention the washing machine!

Leonard: So far I haven't noticed anything.

Mike: Okay, then I won't wash my clothes with yours. After that wash they will be dirtier than before.

Leonard: As you like.

85

KOMISCHE ERLEBNISSE - STRANGE EXPERIENCES

Aaron: Was war das seltsamste Ereignis, das du jemals miterlebt hast?

Natalie: Wie meinst du das? Meinst du eine paranormale Erfahrung oder einfach etwas Peinliches?

Aaron: Ganz egal, einfach einen Moment, der dir sehr komisch vorkam. Den du dir nicht wirklich erklären konntest.

Natalie: Hm, da muss ich kurz nachdenken. Also, ich hatte ein Erlebnis, als ich ein Kind war, dass ich sehr komisch fand. Aber das ist eine etwas längere Geschichte.

Aaron: Erzähl! Ich kann es kaum erwarten, sie zu hören.

Natalie: Als ich noch klein war, hatten wir ein paar Ponys. Der Stall war in unserem Garten. Morgens haben wir den Ponys immer Flechtzöpfe gemacht. Nach dem Reiten haben wir die Zöpfe aufgemacht, weil die Ponys dann so schöne Wellen in den Haaren hatten. Einmal haben wir wie immer abends die Zöpfe aufgemacht und die Ponys in den Stall geführt.

Aaron: Und dann?

Natalie: Als wir die Ponys am nächsten Morgen aus dem Stall geholt haben, hatten sie geflochtene Zöpfe. Bis heute wissen wir nicht, was damals passiert ist.

Aaron: Was denkst du, wer das war?

Natalie: Wir wissen es nicht. Entweder jemand ist in den Stall eingebrochen oder es war ein Geist. Wie gesagt, wir können es uns nicht erklären.

Aaron: Wow, das ist wirklich ein komisches Erlebnis.

Natalie: Was ist dein seltsames Erlebnis?

Aaron: Ich habe keine eigene Geschichte. Ich frage nur immer gerne die anderen, damit sie mir komische Dinge aus ihrem Leben erzählen. Ich liebe diese Geschichten einfach. Aber ich muss sagen, deine war bisher die beste.

Natalie: Freut mich, dass ich dich unterhalten konnte.

STRANGE EXPERIENCES

Aaron: What was the strangest event you have ever witnessed?

Natalie: What do you mean? Do you mean a paranormal experience or just something embarrassing?

Aaron: Doesn't matter, just a moment that seemed very funny to you. Which you couldn't really explain to yourself.

Natalie: Hm, I have to think for a moment. So I had an experience when I was a kid that I thought was very funny. But that's a longer story.

Aaron: Tell it! I can't wait to hear it.

Natalie: When I was little we had some ponies. The stable was in our garden. In the morning we always braided the ponies' hair. After riding we opened the braids because the ponies had such beautiful waves in their hair. One time we opened the braids as usual in the evening and led the ponies into the stable.

Aaron: And then?

Natalie: When we took the ponies out of the stable the next morning they had braids again. Until today we don't know what happened then.

Aaron: Who do you think that was?

Natalie: We don't know. Either someone broke into the stable or it was a ghost. As I said, we still can't explain it.

Aaron: Wow, this is really a funny experience.

Natalie: What is your strange experience?

Aaron: I don't have a story. I just always like to ask the others to tell me funny things about their lives. I just love these stories. But I have to say, yours was the best so far.

Natalie: Glad I could entertain you.

86

ENTSCHULDIGUNG - I'M SORRY

Marlene: Elisa? Hallo ich bin es, Natalie. Ich wollte noch mal mit dir über die Sache von gestern sprechen.

Elisa: Warum? Ich finde, es wurde eigentlich alles gesagt. Ich will auch gar nicht mehr weiter darüber reden. Du hast deine Meinung und ich meine. Es gibt keinen Grund, sich noch am Telefon weiter zu streiten.

Marlene: Ich will ja eigentlich auch gar nicht streiten. Ich wollte dir nur erklären, dass ich es nicht so gemeint habe. Manchmal sage ich einfach Dinge ohne vorher nachzudenken. Meistens merke ich erst danach, dass ich das eigentlich gar nicht sagen wollte.

Elisa: Es reicht mir schon, dass du so etwas denkst. Zum Glück überlegst du nicht vorher, sonst wüsste ich gar nicht, was du für eine falsche Schlange bist.

Marlene: Elisa, bitte sei nicht so. Wir sind doch jetzt schon so lange befreundet. Willst du das wirklich wegen einer dummen Aussage wegwerfen?

Elisa: Ich finde einfach, dass das zeigt, was für ein Mensch du bist. Das hätte ich nie von dir erwartet. Ich möchte einfach nicht mehr darüber reden.

Marlene: Warum kannst du mir nicht einfach verzeihen und wir machen so weiter wie immer?

Elisa: Weil du dich noch nicht mal entschuldigt hast. Das bemerkst du nicht einmal.

Marlene: Das habe ich vergessen. Es tut mir leid, dass ich so zu dir war. Ich wünschte, ich könnte es zurücknehmen. Und ich nehme es auch zurück. Kannst du mir noch einmal verzeihen?

Elisa: Ich muss eine Nacht darüber schlafen.

Marlene: Danke, dass du mir noch eine Chance gibst. Ich habe es wirklich nicht so gemeint. Meinst du, wir können wieder Freunde sein?

Elisa: Wir werden sehen. Tschüß.

Marlene: Bis dann.

I'M SORRY

Marlene: Elisa? Hello, it's Natalie. I wanted to talk to you about yesterday.

Elisa: Why? I think all has been said. I don't want to talk about it anymore. You have your opinion and I have mine. There is no reason to argue any further on the phone.

Marlene: I don't really want to argue. I just wanted to explain to you that I didn't mean it that way. Sometimes I just say things without thinking first. Most of the time I notice afterwards that I didn't really want to say that.

Elisa: It's enough for me that you could even think something like that. Fortunately, you don't think about it beforehand, otherwise I wouldn't know what a fake snake you are.

Marlene: Elisa, please don't be like that, we've been friends for so long now. Do you really want to throw that away because of a stupid statement?

Elisa: I just think that shows what kind of person you are. I would never have expected that from you. I just don't want to talk about it anymore.

Marlene: Why can't you just forgive me and we'll go on as usual?

Elisa: Because you haven't even apologized yet. You don't even notice that.

Marlene: I forgot. I'm sorry I was like that to you. I wish I could take it back. And I also take it back. Can you forgive me again?

Elisa: I'll have to sleep on it for one night.

Marlene: Thank you for giving me another chance. I really didn't mean it that way. Do you think we can be friends again?

Elisa: We will see. Bye.

Marlene: See you then.

87

SCHLIMME NACHBARIN - BAD NEIGHBOR

Fabienne: Oh mein Gott, ich muss dir unbedingt erzählen, was meine Nachbarin schon wieder gemacht hat. Langsam halte ich das wirklich nicht mehr aus.

Kim: Was denn?

Fabienne: Gestern hat sie wieder Wasser auf meinen Balkon geschüttet. Sie wohnt ja in der Wohnung über mir und ich glaube, sie gießt immer ihre Blumen viel zu viel. Die Hälfte des Gießwassers landet immer auf meinen Balkonmöbeln.

Kim: Wow, die wird ja wirklich immer schlimmer.

Fabienne: Ich weiß. Langsam halte ich es nicht mehr aus. Manchmal höre ich einfach, wie sie lautstark schreit. Und das ohne Grund, denn sie hat nie Besuch. Und wenn sie Besuch hat, sind es 20 Leute in ihrer kleinen Wohnung, die extrem laut sind.

Kim: Du Arme, ich weiß nicht, wie du das aushältst.

Fabienne: Ja, ich überlege wirklich schon, umzuziehen.

Kim: Melde ihr Verhalten doch einfach dem Vermieter. Vielleicht schmeißt er sie ja raus. Dann muss sie sich etwas Neues suchen und nicht du. Schließlich hast du ja gar nichts gemacht. Das wäre wirklich unfair. Hast du schon mit ihr gesprochen?

Fabienne: Vielleicht sollte ich das wirklich einmal melden. Ich habe einmal bei ihr geklingelt und gefragt, ob sie etwas leiser sein kann. Da hat sie mich einfach ausgelacht. Also das hat nichts gebracht.

Kim: Hm, dann musst du sie wohl wirklich melden. Anscheinend hat sie es verdient.

Fabienne: Du hast recht. Ich schreibe gleich heute einen Brief an die Verwaltung. Hoffentlich bekommt sie dann eine Mahnung. Wenn meine Balkonmöbel noch öfter nass werden, gehen sie kaputt.

BAD NEIGHBOR

Fabienne: Oh my God, I have to tell you what my neighbor did again. I really can't stand it any longer.

Kim: What is it?

Fabienne: Yesterday she poured water on my balcony again. She lives in the apartment above me, and I think she's watering her flowers way too much. Half of the watering always lands on my balcony furniture.

Kim: Wow, she's really getting worse and worse.

Fabienne: I know. I can't take it anymore. Sometimes I just hear her scream loudly. And for no reason, because she never has visitors. And when she has visitors there are 20 people in her small apartment who are extremely loud.

Kim: Poor you, I don't know how you put up with it.

Fabienne: Yes, I'm really thinking about moving.

Kim: Just report her behavior to the landlord. Maybe he'll kick her out. Then she has to look for something new, not you. After all, you didn't do anything. That would be really unfair. Have you talked to her yet?

Fabienne: Maybe I should report it sometime. I rang her bell once and asked if she could be a little quieter, then she just laughed at me. So that didn't help.

Kim: Hm, then you really have to report her. Apparently she deserves it.

Fabienne: You're right. I'm writing a letter to the administration today. Hopefully she'll get a reminder. If my balcony furniture gets wet that often, it will break.

88

LIEBLINGSBÜCHER - FAVORITE BOOKS

Stella: Was liest du eigentlich so in deiner Freizeit? Ich suche immer wieder neue Bücher, die ich mir besorgen oder ausleihen kann.

Jolina: Ich glaube nicht, dass wir da den gleichen Geschmack haben. Du liest gerne Romanzen, oder?

Stella: Ja, ich mag am liebsten romantische Bücher, lese aber auch ab und zu andere Geschichten.

Jolina: Also, ich lese eigentlich hauptsächlich Horror. Krimis mag ich auch sehr gerne. Mein Lieblingsautor ist Stephen King. Ich mag einfach gruselige Geschichten lieber als glückliche.

Stella: Ab und zu finde ich zwar gruselige Geschichten auch ganz unterhaltsam, aber ich lese sie nicht, wenn sie mehr als 100 Seiten haben. Und soweit ich weiß, hat Stephen King teilweise 1000 Seiten.

Jolina: Ja, an einem Buch lese ich schon immer mindestens einen Monat lang.

Stella: Das ist wirklich nichts für mich. Dann muss ich wohl jemand anderen fragen.

Jolina: Ich kann dir aber trotzdem Liebesromane ausleihen, weil meine Schwester eine Menge davon liest. Sie hat ein ganzes Regal voll mit diesen Büchern.

Stella: Das wäre wirklich toll. Ein Buch kostet ja immerhin 20 Euro. Langsam wird lesen zu einem teuren Hobby.

Jolina: Wenn ich zu Hause bin, schicke ich dir mal ein Bild von dem Regal meiner Schwester. Dann kannst du sehen, welche Titel sie hat und dir einen aussuchen. Ich bringe dir das Buch dann am Montag mit.

Stella: Momentan bin ich noch mit einem anderen Buch beschäftigt. Schick mir aber trotzdem mal das Bild. Nur mitbringen kannst du es mir ein andermal.

Jolina: Gut, dann machen wir es so.

FAVORITE BOOKS

Stella: What do you read in your spare time? I'm always looking for new books that I can buy or borrow.

Jolina: I don't think we have the same taste. You like reading romances, don't you?

Stella: Yes, I enjoy romantic books the most, but I also read other stories from time to time.

Jolina: Well, I mainly read horror. I also like crime thrillers very much. My favorite author is Stephen King. I just like creepy stories better than happy ones.

Stella: Every now and then I find creepy stories quite entertaining, but I don't read them if they have more than 100 pages. And as far as I know Stephen King sometimes has 1000 pages.

Jolina: Yes, I always read a book for at least a month.

Stella: That's really not for me. Then I'll have to ask someone else.

Jolina: But I can still lend you romance novels because my sister reads a lot of them. She has a whole shelf full of these books.

Stella: That would be really great. After all, a book costs 20 euros. Reading becomes an expensive hobby after some time.

Jolina: When I'm at home, I'll send you a picture of my sister's shelf. Then you can see which titles she has and choose one for you. I'll bring you the book on Monday.

Stella: At the moment I am still busy with another book. But send me the picture anyway. You can bring it some other time.

Jolina: Okay, let's do it that way.

89

ESSEN BESTELLEN - ORDERING FOOD

Theresa: Hallo? Hier ist Theresa. Bin ich hier richtig beim Asia Lieferdienst?

Helena: Ja, hier sind Sie richtig. Wollen Sie etwas bestellen oder einen Platz reservieren?

Theresa: Ich würde gerne etwas bestellen.

Helena: Alles klar. Welche Gerichte haben Sie sich denn ausgesucht?

Theresa: Also einmal habe ich die Nummer 125, das Hühnchen mit Reis. Dann die Nummer 34, das Sushi Menu.

Helena: Okay, kommt da noch etwas dazu?

Theresa: Ja. Als Beilage hätte ich gerne den Reis und die vegetarischen Frühlingsrollen. Dazu kommt noch eine Fischsuppe.

Helena: Alles klar, habe ich aufgenommen. Kommt noch etwas dazu?

Theresa: Ja, machen Sie die Bestellung bitte mit extra Sojasauce. Und wir hätten gerne zwei Glückskekse dazu. In der letzten Bestellung waren keine enthalten.

Helena: Normalerweise bekommt man die Kekse nur, wenn man vor Ort isst. Für Sie werde ich aber eine Ausnahme machen.

Theresa: Danke, das wars' dann.

Helena: Super. Wann wollen Sie das Essen geliefert bekommen?

Theresa: So in zwei Stunden wäre gut. Unsere Gäste kommen nämlich erst später und ich will nicht, dass das Essen kalt serviert wird. Außer das Sushi natürlich, das ist ja immer kalt.

Helena: Alles klar, dann schicken wir den Lieferanten in zwei Stunden. Vielen Dank für Ihre Bestellung! Auf Wiedersehen!

Theresa: Auf Wiedersehen!

ORDERING FOOD

Theresa: Hello? This is Theresa. Is this Asia Delivery Service?

Helena: Yes, this is it. Do you want to order something or reserve a seat?

Theresa: I would like to order something.

Helena: All right. Which dishes did you choose?

Theresa: So the number 125, the chicken with rice. Then number 34, the sushi menu.

Helena: Okay, is there anything else added?

Theresa: Yes. As a side dish I would like the rice and the vegetarian spring rolls. In addition I would like a fish soup.

Helena: All right, I noted it. Is there anything else to add?

Theresa: Yes, please make the order with extra soy sauce. And we'd like to have two fortune cookies with it. None were included in the last order.

Helena: Normally you only get the cookies if you eat in the restaurant. But I will make an exception for you.

Theresa: Thank you, that's it.

Helena: Great. When do you want the food delivered?

Theresa: In two hours would be good. Our guests will arrive later and I don't want the food to be served cold. Except the sushi, of course, which is always cold.

Helena: All right, then we'll send the supplier in two hours. Thank you very much for your order! Goodbye!

Theresa: Goodbye!

90

FAHRZEUGKONTROLLE - VEHICLE INSPECTION

Carla: Hallo, Führerschein und Fahrzeugpapiere bitte.

Jessica: Sehr gerne, hier sind sie.

Carla: Wissen Sie, warum ich Sie gerade angehalten habe?

Jessica: Bin ich etwa zu schnell gefahren?

Carla: Nicht nur das. Sie sind 10 km/h über der erlaubten Höchstgeschwindigkeit gefahren und dann auch noch in eine Einbahnstraße abgebogen. Sie fahren momentan in die falsche Richtung. Das kann wirklich gefährlich werden, wenn Ihnen ein anderer Autofahrer entgegenkommt. Vor allem bei Ihrem Tempo.

Jessica: Ja, das kann ich verstehen. Ich habe anscheinend das Schild für die Einbahnstraße übersehen. Das tut mir wirklich leid.

Carla: Sind Sie das auf Ihrem Führerscheinbild?

Jessica: Ja, das ist aber lange her und ich hatte eine komplett andere Haarfarbe.

Carla: Sieht fast so aus, als wäre das nicht ihr Führerschein.

Jessica: Ich kann Ihnen auch noch meinen Ausweis zeigen. Der ist etwas aktueller.

Carla: Ja, tun Sie das bitte.

Jessica: Hier, bitteschön.

Carla: Ja, das sieht Ihnen schon eher ähnlich. Haben Sie etwas getrunken?

Jessica: Nein, ich trinke keinen Alkohol. Erst recht nicht mitten am Tag.

Carla: Wie sieht es mit Drogen aus? Ihre Augen scheinen mir etwas rot zu sein.

Jessica: Nein, auch keine Drogen. Ich bin sehr brav, was das alles angeht.

Carla: Trotzdem muss ich mit Ihnen zur Sicherheit einen Alkoholtest machen. Weil Sie das riesige Einbahnstraßen-Schild übersehen haben, habe ich da einen Verdacht.

Jessica: In Ordnung, das können wir gerne machen. Super, was Sie alles für die Sicherheit auf den Straßen tun.

VEHICLE INSPECTION

Carla: Hello, driver's license and registration, please.

Jessica: Sure, here they are.

Carla: Do you know why I just stopped you?

Jessica: Did I go too fast?

Carla: Not just that. You went 10 km/h over the speed limit and then turned into a one-way street. You're going in the wrong direction at the moment. This can be really dangerous if another driver comes towards you. Especially at your speed.

Jessica: Yes, I understand that. I seem to have overlooked the one-way sign. I'm really sorry about that.

Carla: Is that you on your license?

Jessica: Yeah, but that was a long time ago and I had a completely different hair color.

Carla: Looks like it's not your license.

Jessica: I can show you my ID, too. It's a little more up to date.

Carla: Yes, please do.

Jessica: Here you go.

Carla: Yes, that looks more like you. Have you had a drink?

Jessica: No, I don't drink alcohol. Especially not in the middle of the day.

Carla: What about drugs? Your eyes seem a little red to me.

Jessica: No, no drugs either. I don't like that stuff.

Carla: Still, I have to do an alcohol test with you to be sure. Because you missed the huge one-way sign, I'm a little suspicious.

Jessica: All right, we can do that. Really great what you're doing for the safety of our streets.

91

ENTSCHEIDUNG - DECISION

Linn: Ich weiß einfach nicht, was ich heute auf dem Geburtstag meiner Oma anziehen soll.

Ronja: Naja, da musst du jetzt nicht perfekt aussehen. Es ist doch nur deine Oma. Ich dachte, da kommen nur ein paar Verwandte und Freunde.

Linn: Es ist ihr 70. Geburtstag. Sie hat extra ein ganzes Restaurant gemietet. Ich muss also auf jeden Fall gut aussehen.

Ronja: Das ist schon schwieriger. Wie wäre es mit dem weißen Top, das wir letzten Samstag im Shoppingcenter gekauft haben? Das sieht doch gut aus?

Linn: Aber das Top ist zu lässig. Außerdem habe ich es noch nicht gewaschen. Es liegt im Wäschekorb.

Ronja: Hm, wie wäre es mit dem schwarzen Kleid?

Linn: Nein, das ist zu kurz und sexy. Das passt nicht für eine Familienfeier.

Ronja: Dann weiß ich auch nicht weiter.

Linn: Wie findest du dieses rote Top?

Ronja: Naja, es zeigt etwas viel von deinem Dekolleté.

Linn: Ja, finde ich auch. Vielleicht sollte ich mir etwas von meiner Mutter ausleihen. die weiß sicher, was ich tragen soll.

Ronja: Aber sie hat doch eine ganz andere Größe. Zieh doch einfach die weiße Bluse an, die du auf der Kommunion meiner Schwester getragen hast.

Linn: Ja! Das ist eine gute Idee. Die habe ich schon ganz vergessen. Zusammen mit einer blauen Jeans wird das toll aussehen. Nicht zu schick und nicht zu locker. Da wäre ich nie drauf gekommen.

Ronja: Gern geschehen. Und jetzt zieh dich um. Ich will sehen, wie du darin aussiehst.

DECISION

Linn: I just don't know what to wear to my grandma's birthday today.

Ronja: Well, you don't have to look perfect. It's just your grandma. I thought, only a few relatives and friends were coming.

Linn: It's her 70th birthday. She rented a whole restaurant. So I definitely have to look good.

Ronja: That's a little more difficult. How about the white top we bought last Saturday in the shopping center? That looks good, doesn't it?

Linn: But the top is too casual. Besides, I haven't washed it yet. It's in the laundry basket.

Ronja: Hm, how about the black dress?

Linn: No, it's too short and sexy. It isn't fit for a family celebration.

Ronja: Then I don't know what to do.

Linn: What do you think of this red top?

Ronja: Well, it shows a lot of cleavage.

Linn: Yes, I think so too. Maybe I should borrow something from my mother. She certainly knows what to wear.

Ronja: But she has a completely different size. Just put on the white blouse you wore on my sister's communion.

Linn: Yes! That's a good idea. I forgot about that one. Combined with blue jeans it will look great. Not too chic and not too loose. I would never have thought of that.

Ronja: You're welcome. And now go put it on, I want to see how you look in it.

92

DIE NEUE CHEFIN - THE NEW BOSS

Melis: Du glaubst nicht, was meine neue Chefin für eine Hexe ist.

Magnus: Wieso das denn? Ich dachte, dir gefällt dein Job?

Melis: Ja, bisher war das auch so. Aber seitdem mein alter Chef durch die neue Chefin ersetzt wurde, ist alles anders. Normalerweise bin ich die Managerin, aber jetzt bin anscheinend die neue Assistentin.

Magnus: Wie meinst du das? Es hat sich doch an deinen Aufgaben nichts verändert, nur weil es eine neue Chefin gibt, sollte man meinen.

Melis: Doch, eben schon. Ständig muss ich ihr Kaffee oder ihr Mittagessen holen. Sie kommandiert mich die ganze Zeit herum. Es ist wirklich schrecklich.

Magnus: Das kannst du dir doch nicht gefallen lassen. Gibt es denn niemand, bei dem du dich beschweren kannst?

Melis: Nein, leider nicht. Ich habe Angst, zum Firmenchef zu gehen und mich zu beschweren, weil ich dann ersetzt werden könnte. Ich wünschte, sie würde sich einfach eine Assistentin zulegen. Dann hätte ich meine Ruhe.

Magnus: Also, an deiner Stelle könnte ich so nicht weiterarbeiten. Du hast doch deine eigenen Aufgaben. Wann machst du die dann?

Melis: Vieles davon muss ich dann zu Hause machen, weil ich während der Arbeitszeit nicht mehr dazu komme.

Magnus: Also, so kannst du nicht weitermachen. Rede einfach mal mit ihr und sage ihr, dass du wegen ihr Überstunden machst. Vielleicht versteht sie es ja.

Melis: Glaube ich nicht, aber danke für deinen Rat.

THE NEW BOSS

Melis: You won't believe what a horrible witch my new boss is.

Magnus: Why is that? I thought you liked your job?

Melis: Yes, so far it has been great. But since my old boss was replaced by the new boss everything is different. Normally I am the manager, but now I seem to be the new assistant.

Magnus: What do you mean? Nothing has changed in your tasks just because there is a new boss, one would presume.

Melis: Yes, apparently it has. I always have to pick up her coffee or lunch. She commands me all the time. It's really terrible.

Magnus: You can't put up with that. Isn't there anyone you can complain to?

Melis: No, unfortunately not. I'm afraid to go to the company boss and complain because I could be replaced. I wish she would just get herself an assistant. Then I would have my peace.

Magnus: I couldn't go on working like this in your place. You have your own tasks. When do you have time to do your own work?

Melis: I have to do a lot of it at home because I can't get around to it during working hours.

Magnus: You can't go on like this. Just talk to her and tell her that you're working overtime because of her. Maybe she will understand.

Melis: I don't think so, but thanks for your advice.

93

EIS KAUFEN - BUYING ICE-CREAM

Annabelle: Hallo, ich hätte gerne ein Eis. Was haben Sie denn so alles für Geschmackssorten?

Benedikt: Die sehen Sie hier in der Theke. Es sind nicht viele, aber dafür schmecken sie umso besser. Hier haben wir einmal Schokolade, dann Vanille, Erdbeere, Mango, Melone, Zitrone und Straciatella.

Annabelle: Hm, die finde ich eigentlich alle lecker. Können Sie eine bestimmte Sorte empfehlen?

Benedikt: Also ich persönlich finde eigentlich auch alle lecker. Wenn ich mich aber für eine entscheiden müsste, würde ich Mango nehmen.

Annabelle: Gute Wahl. Welche Sorte wird denn am meisten gekauft?

Benedikt: Schokolade ist die beliebteste Sorte, die wir hier haben. Jeder Zweite kauft eigentlich eine Kugel davon.

Annabelle: Und die zweitbeliebteste?

Benedikt: Das wäre dann Erdbeere.

Annabelle: Hm, dann nehme ich besser von jeder eine, damit ich die Spezialitäten des Hauses kennenlernen kann.

Benedikt: Eine Kugel Schokolade und eine Erdbeere?

Annabelle: Ja.

Benedikt: In der Waffel oder im Becher?

Annabelle: Ich nehme die Waffel.

Benedikt: Wollen Sie einen Löffel dazu?

Annabelle: Nein, danke. Das geht so. Ich habe noch nie verstanden, wieso man einen Löffel braucht, wenn man das Eis in der Waffel nimmt. Das schleckt man doch einfach.

Benedikt: Es gibt eben Menschen, die nicht auf die Waffel verzichten wollen, aber zum Beispiel ihren Lippenstift nicht zerstören wollen.

Annabelle: Ein Glück, dass ich keinen Lippenstift trage. Der kann einem auch den ganzen Spaß verderben.

Benedikt: Das stimmt wohl. Gut, das macht dann 3,50 Euro.

Annabelle: Gerne, hier bitteschön. Bis zum nächsten Mal!

Benedikt: Bis dann!

BUYING ICE-CREAM

Annabelle: Hello, I'd like an ice cream. What flavors do you have?

Benedikt: You can see them here in the bar. There aren't many, but they taste really good. Here we have chocolate, then vanilla, strawberry, mango, melon, lemon and stracciatella.

Annabelle: Hm, I actually find all of them delicious. Can you recommend a particular one?

Benedikt: Well, I personally think they are all delicious. But if I had to choose one, I would choose mango.

Annabelle: Good choice. Which variety is bought the most?

Benedikt: Chocolate is the most popular variety we have here. Every other person actually buys it.

Annabelle: And the second most popular?

Benedikt: That would be strawberry.

Annabelle: Hm, then I better take one from each of them so I can get to know the specialties of the house.

Benedikt: A scoop of chocolate and strawberry?

Annabelle: Yes.

Benedikt: In a waffle or in a cup?

Annabelle: I'll take the waffle.

Benedikt: Do you want a spoon with it?

Annabelle: No, thank you. It's fine like this. I never understood why you need a spoon when you're eating it in the waffle. You just lick it.

Benedikt: There are people who don't want to miss the waffle, but don't want to mess up their lipstick, for example.

Annabelle: Fortunately I don't wear lipstick. It can spoil all the fun.

Benedikt: That's probably true. Well, that's 3.50 euros.

Annabelle: Here you go. See you next time!

Benedikt: See you then!

94

HUNDESITTER - DOG SITTER

Tyler: Hallo, da bin ich wieder. Wo sind denn meine Lieblinge?

Jannes: Hier sind sie, die drei Racker.

Tyler: Waren sie denn brav?

Jannes: Naja, ab und zu musste ich ein paar Dinge wegwischen und sauber machen, die eigentlich nicht schmutzig sein sollten, aber sonst war alles in Ordnung.

Tyler: Das freut mich zu hören. Ja, manche Sachen lassen sich einfach nicht vermeiden. Haben sie alle gut gefressen?

Jannes: Ja, ich habe ihnen jeden Tag Nassfutter gegeben und es ist nie etwas übrig geblieben. Sie waren insgesamt sehr brav. Alle haben immer auf meine Befehle gehört.

Tyler: Freut mich, dass es so gut funktioniert hat. Die letzten Sitter haben immer etwas falsch gemacht. Das Haus sah aus, als wäre ein Blitz eingeschlagen. Aber hier sieht es wirklich super ordentlich aus. Ich weiß wirklich nicht, wie Sie das geschafft haben.

Jannes: Es ist ja schließlich mein Beruf.

Tyler: Den machen Sie auf jeden Fall gut. Ich mache gleich heute die Überweisung.

Jannes: Vielen Dank. Ihre Hunde waren wirklich toll. Ich kann gerne wieder kommen, wenn Sie das nächste Mal in den Urlaub fahren.

Tyler: Das wäre toll. Ich schreibe mir Ihre Telefonnummer gleich auf und rufe Sie an, sobald etwas Neues geplant ist. Sie bekommen von mir auf jeden Fall eine 5- Sterne-Bewertung.

DOG SITTER

Tyler: Hello, here I am again. Where are my darlings?

Jannes: Here they are, the three rascals.

Tyler: Were they well-behaved?

Jannes: Well, from time to time I had to wipe and clean some things that weren't supposed to be dirty, but everything else was fine.

Tyler: I'm glad to hear that. Yes, some things just can't be avoided. Did they all eat well?

Jannes: Yes, I gave them wet food every day and there was never anything left. Overall, they were very well-behaved. Everyone always listened to my orders.

Tyler: I'm glad it worked so well. The last sitters always did something wrong. The house looked like lightning had struck. But it really looks super neat here. I really don't know how you did it.

Jannes: After all, it's my job.

Tyler: You definitely do it well. I'll make the transfer today.

Jannes: Thank you very much. Your dogs were really great. I can come back the next time you go on holiday.

Tyler: That would be great. I'll write down your phone number and call you as soon as something new is planned. You will definitely get a 5-star review from me.

95

BEZIEHUNGSENDE - END OF RELATIONSHIP

Emil: Ella, ich muss dir etwas sagen.

Ella: Was gibt es denn, Schatz?

Emil: Ich glaube einfach nicht, dass wir noch länger Zeit miteinander verbringen sollten.

Ella: Machst du etwa Schluss mit mir?

Emil: Ich weiß nicht, wie ich es dir erklären soll. Ich will dich nicht verletzen, aber ich glaube nicht, dass wir zusammenpassen.

Ella: Was ist denn passiert, dass du das denkst? Vor einer Woche war doch noch alles in Ordnung? Da hast du noch gesagt, dass du mich liebst.

Emil: Ich liebe dich ja, aber ich kann mir das mit uns beiden einfach nicht für immer vorstellen. Außerdem sind wir beide noch jung und werden bestimmt noch viele Beziehungen haben.

Ella: Das weißt du doch gar nicht. Es gibt Menschen, die ihren ersten Freund heiraten und damit auch kein Problem haben. Hast du eine andere?

Emil: Nein, wie kommst du denn darauf?

Ella: Warum solltest du sonst so plötzlich Schluss machen. Das macht gar keinen Sinn.

Emil: Nein, ich habe keine andere. Ich mache Schluss, weil ich finde, dass wir nicht zusammenpassen. Das ist alles. Ich werde jetzt gehen.

Ella: Ich finde es sehr schade, dass du so denkst und bin der Meinung, dass du dich irrst. Wenn ich erst einmal weg bin, fällt dir vielleicht auf, wie sehr du mich brauchst.

Emil: Bitte lass es jetzt gut sein, Ella. Wir sehen uns bestimmt irgendwann wieder.

Ella: Bitte sag jetzt nicht, dass wir Freunde bleiben können.

Emil: Nein, ich glaube, das ist keine gute Idee. Auf Wiedersehen, Ella.
Ella: Leb' wohl.

END OF RELATIONSHIP

Emil: Ella, I have something to tell you.

Ella: What is it, honey?

Emil: I just don't think we should spend any more time together.

Ella: Are you breaking up with me?

Emil: I don't know how to explain it to you. I don't want to hurt you, but I don't think we're a fit.

Ella: What happened that makes you think that? A week ago everything was fine, wasn't it? You said you loved me.

Emil: I love you, but I just can't imagine the both of us forever. Besides, we're both still young and will certainly have a lot of relationships.

Ella: You don't know that. There are people who marry their first boyfriend and have no problem with that. Do you have another girl?

Emil: No, what makes you think that?

Ella: Why else would you break up so suddenly? That makes no sense at all.

Emil: No, I have no other woman. I'm breaking up because I don't think we're a fit. That's all. I'll go now.

Ella: I think it's a pity that you think that and I think that you're wrong. Once I'm gone you might realize how much you need me.

Emil: Please let it go now, Ella. I'm sure we'll see each other again sometime.

Ella: Please don't say that we can stay friends.

Emil: No, I don't think that's a good idea. Goodbye, Ella.

Ella: Goodbye.

96

NEUE WOHNUNG - NEW APARTMENT

Julien: Wow, ich wusste ja, dass du einen guten Geschmack hast, was Möbel angeht, aber dass du so eine schöne Wohnung aussuchst, hätte ich nicht gedacht.

Lia: Da staunst du, was? Ich habe aber auch sehr lange gesucht, bis ich sie gefunden habe. Sie ist 45 qm groß und hat 3 Zimmer. Und das zu einem unschlagbaren Preis von 750 Euro warm.

Julien: Wow, das können wir uns ja locker leisten. Ich bin wirklich stolz auf dich. Ich dachte schon, du schaffst das nicht alleine.

Lia: Jetzt siehst du einmal, wozu ich fähig bin. Komm, ich zeige dir die Küche. Sie ist komplett neu eingebaut.

Julien: Wow, die ist wirklich sehr modern.

Lia: Schau, sie hat sogar einen Ofen. In unserer letzten Wohnung hatten wir keinen. Jetzt müssen wir den Geburtstagskuchen endlich nicht mehr bei deiner Mutter backen.

Julien: Das ist wirklich toll. Ich freue mich. Haben wir schon ein Bett, oder müssen wir das noch kaufen?

Lia: Das Bett habe ich letzte Woche gekauft und zusammen mit meinem Vater aufgebaut, während du auf Geschäftsreise warst. Im Schlafzimmer steht auch schon der Kleiderschrank. Eigentlich können wir heute schon einziehen.

Julien: Toll, dass du dich um alles gekümmert hast. Tut mir leid, dass ich so wenig helfen konnte, aber wie du weißt, hatte ich keine Zeit. Dafür lade ich dich gerne mal zum Essen ein.

Lia: Das ist nicht nötig, ich habe es ja für uns beide getan.

NEW APARTMENT

Julien: Wow, I knew you had good taste in furniture, but I didn't think you would choose such a nice apartment.

Lia: You didn't expect that, did you? But I also searched for a long time until I found it. It's 45 square meters and has 3 rooms. And that at an unbeatable price of 750 euros with heating.

Julien: Wow, we can easily afford that. I'm really proud of you. I thought you couldn't do it alone.

Lia: Now you know what I am capable of. Come on, I'll show you the kitchen. It is completely new.

Julien: Wow, it's really very modern.

Lia: Look, it even has an oven. We didn't have one in our last apartment. Now we don't have to bake the birthday cake at your mother's anymore.

Julien: That's really great. I'm happy. Do we already have a bed, or do we still have to buy that?

Lia: I bought the bed last week and set it up together with my father while you were on the business trip. The wardrobe is already in the bedroom. Actually, we could move in today.

Julien: It's great that you took care of everything. I'm sorry that I could only help so little but as you know I didn't have time. But I'd like to invite you to dinner in return.

Lia: That's not necessary, I did it for both of us.

97

ENTLASSEN - DISMISSAL

Fabio: Hallo, Nikolas. Gut, dass Sie so schnell kommen konnten. Ich habe heute von der Chefetage eine Nachricht erhalten, was Ihre Arbeit hier angeht.

Nikolas: Hallo, um was geht es denn? Ich habe noch viel zu tun.

Fabio: Wie gesagt geht es um Ihre Arbeit hier. Von diversen Quellen habe ich gehört, dass Sie nicht wirklich alles erledigen, was Sie sollten. Deswegen bleibt anscheinend viel Arbeit an anderen Mitarbeitern hängen. Stimmt das?

Nikolas: Aus welchen Quellen haben Sie das denn?

Fabio: Das kann ich Ihnen selbstverständlich nicht sagen. Was haben Sie zu Ihrer Verteidigung zu sagen?

Nikolas: Also ich verstehe wirklich nicht, wo diese Vorwürfe herkommen. Ich mache alles so gut wie es eben geht. Außerdem kann ich mich nicht daran erinnern, etwas von meiner Arbeit abgeschoben zu haben.

Fabio: So scheint es aber zu sein. Deshalb hat die Chefetage entschieden, Sie durch den neuen Praktikanten zu ersetzen.

Nikolas: Was? Sie entlassen mich?

Fabio: Leider ja, Nikolas. Ihre Arbeit ist einfach nicht gut genug. Wir können Ihnen jedoch eine Empfehlung schreiben, wenn Sie das wollen.

Nikolas: Sie wollen mich feuern, aber mir trotzdem eine Empfehlung schreiben? Nein, danke.

Fabio: Wie Sie wollen. Sie sollten Ihre Sachen bis morgen aus dem Büro geräumt haben. Der neue Praktikant möchte direkt einsteigen. Dazu braucht er Ihren Schreibtisch.

Nikolas: Ich finde es wirklich unfair, dass Sie mir keine Chance gegeben haben. mich zu verbessern.

Fabio: Tut mir leid, so ist das eben. Auf Wiedersehen, Nikolas.

Nikolas: Tschüß.

DISMISSAL

Fabio: Hello Nikolas. I'm glad you could come so quickly. Today I got a message from the boss about your work here.

Nikolas: Hello, what's it all about? I still have a lot to do.

Fabio: As I said, it's about your work here. From various sources I've heard that you don't really do everything you should be doing. That's why a lot of work seems to be done by other employees. Is that true?

Nikolas: What source did you get that from?

Fabio: Of course I can't tell you that. What do you have to say in your defense?

Nikolas: Well, I really don't understand where these accusations come from. I do everything as well as I can. Besides, I don't remember having deported any of my work.

Fabio: But that's how it seems to be. That's why the management decided to replace you with the new intern.

Nikolas: What? You're dismissing me?

Fabio: Unfortunately yes, Nikolas. Your work is just not good enough. But we can write you a recommendation if you want.

Nikolas: You want to fire me but still write me a recommendation? No, thank you.

Fabio: As you like. You should have your things cleared out of the office by tomorrow. The new intern would like to start immediately. He needs your desk for that.

Nikolas: I find it really unfair that you didn't give me a chance to improve.

Fabio: I'm sorry, that's the way it is. Goodbye, Nikolas.

Nikolas: Goodbye.

98

FLYER VERTEILEN - HANDING OUT FLYERS

Thomas: Hallo, haben Sie vielleicht Interesse an einer Mitgliedschaft im Fitnessstudio? Ich habe hier einen Flyer für Sie.

Franz: Nein, danke. Ich bin bereits Mitglied in einem Fitnessstudio.

Thomas: Das ist aber nicht irgendein Fitnessstudio. Es gibt dort eine Kletterhalle. Ich wette, das haben Sie in ihrem jetzigen Studio nicht.

Franz: Was für eine Kletterhalle?

Thomas: Mit verschiedenen Hindernisparcours und Kletterwänden. Im Prinzip ist es eine Boulder-Halle.

Franz: Sagen Sie das doch gleich. Das hat mein Fitnessstudio wirklich nicht. Was haben Sie denn da für einen Flyer?

Thomas: Auf dem Flyer ist ein Gutschein für einmal kostenlos Klettern. Den können Sie einfach bei uns einlösen und direkt an der Kletterwand anfangen. Danach brauchen Sie aber eine Mitgliedschaft im Studio, wenn Sie noch einmal klettern wollen.

Franz: Hm, wie viel kostet diese Mitgliedschaft denn?

Thomas: 49.99 Euro pro Monat.

Franz: Das ist aber teuer.

Thomas: Mit diesem Flyer bekommen Sie 20% auf die ersten drei Monate.

Franz: Oh, wow. Das ist eigentlich ganz gut. Ich schau mir den Flyer mal an. Gibt es auch eine Website?

Thomas: Ja, die Adresse steht drauf.

Franz: Super, dann schaue ich mir das mal an. Vielleicht ist es ja etwas für mich.

Thomas: Das glaube ich auch, so sportlich wie sie aussehen. Ich habe mir schon gedacht, dass Klettern etwas für Sie ist.

Franz: Danke, danke. Den Gutschein werde ich auf jeden Fall einlösen.
Thomas: Vielleicht sehen wir uns dort. Bis dann!
Franz: Auf Wiedersehen!

HANDING OUT FLYERS

Thomas: Hello, are you interested in becoming a member of the gym? I have a flyer for you here.

Franz: No, thanks. I'm already a member of a gym.

Thomas: But it's not just some random gym. There's a climbing hall there. I bet you don't have that in your current gym.

Franz: What kind of climbing hall?

Thomas: With various obstacle courses and climbing walls. It's a bouldering hall.

Franz: Why didn't you say that right away? My gym really doesn't have that. What kind of flyer do you have?

Thomas: On the flyer is a voucher for one free climb. You can simply redeem it with us and start directly at the climbing wall. After that you need a membership in the studio if you want to climb again.

Franz: Hm, how much does this membership cost?

Thomas: 49,99 euros a month.

Franz: But that's expensive.

Thomas: With this flyer you get 20% on the first three months.

Franz: Oh, wow. That is actually quite good. I'll take a look at the flyer. Is there a website?

Thomas: Yes, the address is on the flyer.

Franz: Great, then I'll take a look at it. Maybe it's for me.

Thomas: I believe that too, you look really sporty. I instantly thought that climbing was for you.

Franz: Thank you, thank you. I will redeem the voucher in any case.

Thomas: Maybe I'll see you there. See you then!

Franz: Goodbye!

99

TRANSPORTMÖGLICHKEITEN - TRANSPORT OPTIONS

Levin: Wie kommst du eigentlich jeden Tag zur Arbeit? Ich nehme immer das Fahrrad, aber jetzt, wo es auf die Wintermonate zugeht, muss ich mir langsam etwas Neues suchen.

Noel: Warum denn? Du kannst dich einfach warm anziehen und weiterhin mit dem Fahrrad fahren. Das stärkt die Abwehrkräfte. Das ist wie eine kalte Dusche.

Levin: Naja, ich kann es mir nicht leisten, oft krank zu sein. Ich habe daran gedacht, dann einfach mit dem Bus zu fahren. Die Haltestelle ist ganz bei mir in der Nähe.

Noel: Also ich wohne ziemlich nahe bei meiner Arbeitsstelle und nehme immer die Straßenbahn. Auch wenn diese immer voll mit Menschen ist. Dafür geht die Fahrt sehr schnell. Manchmal fahre ich auch mit dem Auto. Wo wohnst du denn genau?

Levin: Südlich, etwas außerhalb der Stadt.

Noel: Schade, wenn du näher bei mir wohnen würdest, könnten wir eine Fahrgemeinschaft gründen. Hast du denn kein Auto?

Levin: Doch, aber die Spritkosten werden zu hoch, wenn ich jeden Tag mit dem Auto fahre. Das kann ich mir wirklich nicht leisten.

Noel: Naja, im Winter wirst du wohl keine andere Wahl haben. Manchmal sind die Straßen so glatt, dass du schlichtweg nicht mit dem Fahrrad fahren kannst, ohne einen Unfall zu haben.

Levin: Das ist auch meine Angst. Vielleicht finde ich ja noch einen Kollegen, der aus der gleichen Gegend kommt wie ich.

Noel: Schau am besten mal im Computer die Adressen der Kollegen nach. Das geht wesentlich schneller, als alle einzeln nach ihrem Wohnort zu fragen. Ich habe gehört, dass der neue Systemtechniker auch aus der südlichen Vorstadt kommt.

Levin: Danke, das mache ich auf jeden Fall.

TRANSPORT OPTIONS

Levin: How do you get to work every day? I always take the bike, but now that the winter months are approaching I have to start looking for something new.

Noel: Why? You can just dress warm and keep riding your bike. That strengthens the immune system. It's like a cold shower.

Levin: Well, I can't afford to be sick often. I thought about just taking the bus. The bus stop is very close to me.

Noel: Well, I live relatively close to work and always take the tram. Even if it's always full of people. But the ride is very fast. Sometimes I also go by car. Where exactly do you live?

Levin: South, a little outside the city.

Noel: Too bad, if you were closer we could open a carpool. Don't you have a car?

Levin: Yes, but the fuel costs get too high when I drive every day. I really can't afford that.

Noel: Well, in the winter you probably won't have any other choice. Sometimes the roads are so slippery that you simply can't ride your bike without having an accident.

Levin: That's my fear. Maybe I'll find another colleague who's from the same area as me.

Noel: It's best to check the addresses of your colleagues on the computer. That's much quicker than asking each of them individually for their place of residence. I've heard that the new systems engineer also comes from the southern suburbs.

Levin: Thank you, I'll definitely do that.

100

WAS SOLL ICH STUDIEREN? - WHAT SHOULD I STUDY?

John: Weißt du eigentlich schon, was du nach dem Abitur machen willst?

Luke: Nein, ich habe leider noch gar keine Ahnung. Ich will auf jeden Fall studieren und einen Bachelor-Abschluss machen. In welchem Fach ist mir aber noch unklar.

John: So geht es mir auch. Studieren will ich auf jeden Fall. Ich will nicht umsonst 12 Jahre in der Schule gewesen sein.

Luke: Weißt du schon, welche Fachrichtung du machen willst?

John: Bisher interessiert mich Informatik am meisten. Ich war auch in der Schule sehr gut in diesem Fach. Das mache ich wahrscheinlich auch weiter, weil ich weiß, dass ich da die besten Noten haben werde.

Luke: Ich glaube, ich mache eher etwas in Richtung Soziales. Vielleicht soziale Arbeit oder ein anderes Fach.

John: Bei sozialer Arbeit verdienst du halt nach dem Studium nicht besonders viel. An deiner Stelle würde ich mir eher Lehramt anschauen.

Luke: Ja, als Lehrer verdiene ich zwar mehr, aber ich glaube, es macht mir keinen Spaß, jeden Tag aufs Neue den Unterricht zu gestalten. Außerdem finde ich Kinder eher anstrengend.

John: Ja, geht mir genauso. Lass uns einfach nächste Woche auf dieses Berufsfindungsseminar gehen. Danach sind wir bestimmt schlauer.

Luke: Das will ich auch hoffen. Aber wir haben ja noch einige Monate, um uns zu entscheiden. Außerdem können wir danach auch ein Auslandsjahr machen.

John: Ja, das habe ich mir sowieso überlegt. Ich brauche einfach mal eine Auszeit von dem ganzen Lernstress.

WHAT SHOULD I STUDY?

John: Do you already know what you want to do after graduating from high school?

Luke: No, unfortunately I have no idea yet. I definitely want to study and get a bachelor's degree. But which subject I don't know yet.

John: That's how I feel. I definitely want to study. I don't want to have been in school for 12 years for nothing.

Luke: Do you already know which field you want to study in?

John: So far I'm most interested in computer science. I was also very good in this subject at school. I'll probably continue to do that because I know that I'll have the best grades there.

Luke: I think I'll do something more social. Maybe social work or another subject.

John: In social work you won't earn much money after your studies. If I were you, I'd rather look at teaching.

Luke: Yes, as a teacher I'd earn more, but I don't think I'd enjoy giving lessons every day. Besides, I find children rather exhausting.

John: Yes, I feel the same way. Let's just go to this career development seminar next week. We'll be smarter after that.

Luke: I hope so, too. But we still have a few months to decide. We can also do a year abroad afterwards.

John: Yes, I was thinking about doing that anyway. I just need a break from all the stress.

101

GESUNDER LEBENSSTIL - HEALTHY LIFESTYLE

Lia: Wow, Marta! Du siehst ja wirklich toll aus! Hast du abgenommen? Ich habe gehört, du gehst jetzt ins Fitnessstudio. Das sieht man dir wirklich an.

Marta: Ja, schon seit ein paar Monaten. Ich habe jetzt insgesamt 10 kg abgenommen. Anscheinend fällt das langsam auf.

Lia: Ja, ich habe dich ja auch schon eine Zeit lang nicht mehr gesehen. Ich bin wirklich begeistert. Wie hast du das denn gemacht? Verrate mir bitte dein Geheimnis!

Marta: Ich habe einfach angefangen, mich gesund zu ernähren und regelmäßig Sport zu machen. Das ist wirklich gar nicht so schwer, wenn man die ersten paar Wochen übersteht. Du kannst das locker auch schaffen.

Lia: Hm, ich weiß nicht. Dafür mag ich Kuchen und Desserts einfach viel zu sehr. Ich glaube, ich würde nach zwei Wochen aufgeben und einen ganzen Kuchen alleine essen.

Marta: Das glaube ich nicht. Du kannst das schaffen. Außerdem kannst du zwischendurch immer noch Kuchen essen. Nur eben nicht so viel. Ich erlaube mir so einmal die Woche zu essen, was ich eigentlich nicht darf. Und danach nehme ich auch nicht zu.

Lia: Wow, ich bewundere deine Disziplin. Vielleicht können wir ja mal zusammen Sport machen gehen und du kannst mir mehr davon erzählen.

Marta: Sehr gerne! Ich helfe immer gerne, was die Gesundheit angeht. Auch meine Mutter hat dank mir schon 20kg abgenommen. Ihr Arzt war ganz beeindruckt.

Lia: Das glaube ich. Etwas weniger Gewicht könnte mir sicher auch nicht schaden.

Marta: Du siehst trotzdem toll aus, Lia.

Lia: Danke!

HEALTHY LIFESTYLE

Lia: Wow, Marta! You look really great! Have you lost weight? I heard you're going to the gym now. You can really tell.

Marta: Yes, for a few months now. I've lost a total of 10kg now. Apparently it's beginning to show.

Lia: Yes, I haven't seen you for a while. I am really thrilled. How did you do that? Please tell me your secret!

Marta: I just started to eat healthy and work out regularly. It's really not that hard if you survive the first few weeks. You can do it easily after that.

Lia: Hm, I don't know. I just like cake and dessert way too much for that. I think I would give up after two weeks and eat a whole cake alone.

Marta: I don't think so. You can do that and you can still eat cake in between. Just not as much as before. Once a week I eat something that I'm not really allowed to. And after that I don't gain any weight either.

Lia: Wow, I admire your discipline. Maybe we can work out together and you can tell me more about it.

Marta: Yes! I always like to help when it comes to health topics. My mother has also lost 20kg thanks to me. Her doctor was very impressed.

Lia: I believe that. A little less weight would be good.

Marta: You look great either way, Lia.

Lia: Thank you!

102

BABYSITTEN - BABYSITTING

Dana: Saskia! Ich habe dir Abendessen gekocht!

Saskia: Aber das Sandmännchen kommt gerade! Das will ich noch fertig anschauen.

Dana: Bist du nicht schon zu alt für diese Serie?

Saskia: Man ist nie zu alt für dasSandmännchen. Was gibt es denn zu essen?

Dana: Ich habe Gulasch gemacht. Deine Mama hat mir gesagt, das ist dein Lieblingsessen.

Saskia: Ja, das stimmt. Die Sendung dauert nur noch 10 Minuten.

Dana: Aber bis dahin wird dein Essen kalt. Ich habe es extra schon auf den Teller gegeben.

Saskia: Dann schütte es wieder in den Topf. Oder du bringst mir einfach den Teller und wir essen vor dem Fernseher.

Dana: Du weißt, dass deine Mutter das nicht mag.

Saskia: Ja, aber sie ist ja heute nicht da. Oder siehst du sie hier irgendwo?

Dana: Nein, aber ich will nicht, dass ein roter Fleck auf den Teppich kommt. Der geht sonst nie wieder raus und deine Mutter bringt mich um.

Saskia: Na gut, dann wirst du eben warten müssen bis das Sandmännchen aus ist.

Dana: Okay, wir wärmen deinen Teller dann einfach in der Mikrowelle auf.

Saskia: Okay, das stört mich nicht.

Dana: Aber ich fange jetzt schon mal mit dem Essen an. Dann können wir eben nicht zusammen essen.

Saskia: Bitte warte noch und schau währenddessen das Sandmännchen mit mir an. Es wird dir gefallen!

Dana: Na gut, für dich. Obwohl ich wirklich Hunger habe!

Saskia: Yey!

BABYSITTING

Dana: Saskia! I made you dinner!

Saskia: But the Sandman is on! I want to finish watching that.

Dana: Aren't you too old for this show?

Saskia: You're never too old for the Sandman. What did you cook?

Dana: I made goulash. Your mom told me that it's your favorite food.

Saskia: Yes, that's true. The show only lasts 10 more minutes.

Dana: But your food will get cold until then. I already put it on the plate.

Saskia: Then pour it back into the pot. Or you just bring me the plate and we eat in front of the TV.

Dana: You know your mother doesn't like that.

Saskia: Yes, but she's not here today. Or do you see her here anywhere?

Dana: No, but I don't want a red spot on the carpet. I won't be able to clean it out and then your mother will kill me.

Saskia: Well, then you'll have to wait until the show ends.

Dana: Okay, we'll just warm up your plate in the microwave.

Saskia: Okay, that doesn't bother me.

Dana: But I'm going to start eating now. Then we can't eat together.

Saskia: Please wait and watch it with me. You will like it!

Dana: All right, although I'm really hungry!

Saskia: Yey!

103

LEBENSZIELE - LIFE GOALS

Kimberly: Was willst du eigentlich in deinem Leben so machen?

Oliver: Was meinst du? Was ich für einen Beruf haben will? Ob ich Kinder will? Wo ich wohnen will? Du musst dich schon ein bisschen deutlicher ausdrücken.

Kimberly: Ich meine, was ist dein Lebensziel? Etwas, was du unbedingt erreichen willst, bevor du stirbst.

Oliver: Naja, das ist schwer zu sagen. Wir alle wollen doch viele verschiedene Dinge im Leben. Und jeder hat doch mehr als ein einziges Ziel.

Kimberly: Ja, ich meine ja auch nur ungefähr. Was ist dein ungefähres Lebensziel.

Oliver: Ich denke, dass ich das gleiche Ziel wie die meisten anderen Menschen auf Erden habe. Ich würde sogar sagen, dieses Ziel ist der Sinn der Lebens. Und dieser Sinn trifft auf jeden Menschen zu.

Kimberly: Also? Raus damit!

Oliver: Sag mir erst dein Lebensziel.

Kimberly: Ich möchte Schauspielerin werden.

Oliver: Naja, das ist wohl eher ein Traum. Aber ein richtiges Lebensziel ist das nicht. Was machst du, wenn du das erreicht hast? Das ist ja nur ein Beruf.

Kimberly: Ja, aber trotzdem. Das ist es, was ich mit meinem Leben machen will. Etwas anderes gibt es nicht. Außer natürlich ein paar andere kleine Ziele.

Oliver: Na gut, es ist ja dein Leben. Mein Lebensziel ist es, eine Familie zu haben. Ich will eine schöne Ehefrau und zwei Kinder. Und das ist mein Lebensziel. Natürlich liegt das auch in der Natur des Menschen, das zu wollen.

Kimberly: Ja, das stimmt. Ich will schon auch irgendwann Kinder. Aber das ist ein langweiliges Ziel, wenn es sowieso jeder macht.

Oliver: Langweilig, aber wichtig.

LIFE GOALS

Kimberly: What do you actually want to do in your life?

Oliver: What do you mean? What kind of job do I want? Do I want children? Where do I want to live? You have to express yourself a little more clearly.

Kimberly: I mean, what is your goal in life? Something you absolutely want to achieve before you die.

Oliver: Well, that's hard to say. We all want a lot of different things in life. And everyone has more than one goal.

Kimberly: Yes, I mean what is your approximate goal in life?

Oliver: I think I have the same goal as most other people on earth. I would even say that goal is the meaning of life. And this sense applies to every human being.

Kimberly: So? Tell me!

Oliver: Tell me your life goal first.

Kimberly: I want to be an actress.

Oliver: Well, that's more of a dream. But it's not a real life goal. What do you do when you have achieved that? That's just a job.

Kimberly: Yes, but still. That's what I want to do with my life. There's nothing else. Except of course a few other small goals.

Oliver: All right, it's your life. My goal in life is to have a family. I want a beautiful wife and two children. And that is my goal in life. Of course, it is also in the nature of man to want that.

Kimberly: Yes, that's true. I want children at some point. But that's a boring goal if everyone does it anyway.

Oliver: Boring, but important.

104

DER NEUE WELPE - THE NEW PUPPY

Tristan: Ich muss schon sagen, er ist wirklich unfassbar süß. Aber es muss doch wirklich anstrengend sein, sich um diesen Welpen zu kümmern, oder? Wollen Welpen nicht den ganzen Tag nur spielen und deine Aufmerksamkeit erlangen?

Marius: Ja, es kann wirklich sehr anstrengend sein. Aber in der Sache sind Welpen ein bisschen wie Babys. Sie wollen zwar oft spielen, aber für jede Stunde, die sie spielen, machen sie eine Stunde Mittagsschlaf. Dann kann ich mich ein bisschen ausruhen. Aber er ist wirklich süß. Ich bin froh, ihn gekauft zu haben.

Tristan: Kann dein Welpe denn schon irgendwelche Tricks? So wie ‚Sitz', ‚Platz' oder ‚Gib Pfote'? Oder kannst du ihm das erst beibringen, wenn er ein bisschen größer ist?

Marius: Nein, er kann leider noch keinen einzigen Trick. Ich habe schon versucht, ihm ‚Sitz' beizubringen, aber dafür ist er einfach noch zu verspielt. Ich glaube, ich warte damit noch ein oder zwei Monate. Dann ist er sicher bereit. Momentan interessiert er sich nur fürs Spielen, Gassi gehen und Leckerli.

Tristan: Ja, das wird schon noch. So war das bei unserem Hund auch, als er noch klein war. Jetzt kann er etwa 15 Tricks. Wenn sie noch so klein sind, haben Hunde einfach keine Lust, etwas zu lernen. Warst du schon beim Tierarzt? Das ist ein Collie, habe ich recht?

Marius: Ja, ist es.

Tristan: Bei dieser Rasse musst du aufpassen. Oft kann es vorkommen, dass sie schon im frühen Alter blind werden. Das ist so eine Erbkrankheit. Lass den Hund unbedingt überprüfen.

Marius: Oh, danke für den Tipp. Das werde ich so schnell wie möglich machen.

THE NEW PUPPY

Tristan: I have to say, he really is incredibly cute. But it must be really exhausting to take care of this puppy, right? Don't puppies just want to play all day and get your attention?

Marius: Yes, it can be really exhausting. But puppies are a bit like babies. They want to play often, but for every hour they play, they take an hour's nap. Then I can rest a bit. But he is really cute. I'm glad I bought him.

Tristan: Can your puppy do any tricks? Like 'sit', ,lie down' or 'give paw'? Or can you teach him that only when he's a little bigger?

Marius: No, unfortunately he can't do a single trick yet. I've already tried to teach him 'sit', but he's just too playful for that. I think I'll wait another month or two. Then he is certainly ready. Right now he's only interested in playing, going for walks and treats.

Tristan: Yes, it was the same with our dog when he was little. Now he can do about 15 tricks. If They're that young, dogs simply don't want to learn anything. Have you already been to the vet? That's a collie, am I right?

Marius: Yes, it is.

Tristan: You have to be careful with this breed. Often they can go blind at an early age. It's a kind of hereditary disease. Make sure you get the dog checked.

Marius: Oh, thanks for the tip. I will do that as soon as possible.

105

ENTTÄUSCHUNG - DISAPPOINTMENT

Mia: Ich weiß einfach nicht, was ich tun soll. Mein Freund versteht einfach nicht, warum ich immer sauer auf ihn bin.

Lena: Warum bist du denn immer sauer?

Mia: Das habe ich dir doch schon einmal erzählt. Egal, welche Aufgabe ich ihm stelle, er macht sie immer falsch. Und wenn ich ihn darauf anspreche, lügt er mich immer an.

Lena: Hm, was für Aufgaben stellst du ihm denn?

Mia: Wenn er zum Beispiel das Fenster putzen soll. Dann macht er es einfach nicht und behauptet, dass er es erledigt hat.

Lena: Vielleicht hat er einfach keine Lust, das zu machen.

Mia: Ja, das weiß ich auch. Aber warum kann er denn nie etwas für mich tun? Langsam glaube ich, er liebt mich nicht genug.

Lena: Du solltest nochmal mit ihm darüber reden. Und wenn er es nicht versteht, musst du dir wohl einen neuen Freund suchen.

Mia: Ja, du hast recht. Vielleicht finden wir ja eine Lösung. So kann das aber nicht weitergehen.

Lena: Ich glaube, wenn du ihm sagst, dass du so nicht mehr weiter machst, wird er sich ändern. Männer verstehen das immer erst, wenn es ernst wird.

Mia: Ja, leider. Eine Chance gebe ich ihm noch, aber das war es dann.

Lena: Ich verstehe dich. Mein Ex-Freund war genauso. Deswegen ist er mein EX-Freund.

DISAPPOINTMENT

Mia: I just don't know what to do. My boyfriend just doesn't understand why I'm always mad at him.

Lena: Why are you always angry?

Mia: I've told you that before. No matter what task I give him, he always does it wrong. And when I talk to him about it, he always lies to me.

Lena: Hm, what kind of tasks do you give him?

Mia: If, for example, he has to clean the window. Then he just doesn't do it and claims that he did it.

Lena: Maybe he just doesn't feel like doing it.

Mia: Yes, I know that too. But why can't he do anything for me? I'm starting to think he doesn't love me enough.

Lena: You should talk to him about it again. And if he doesn't understand it, you have to find a new boyfriend.

Mia: Yes, you're right. Maybe we will find a solution. But it can't go on like this.

Lena: I think if you tell him that you won't go on like this anymore he will change. Men only understand if it gets serious.

Mia: Yes, unfortunately. I will give him one more chance, but that's it.

Lena: I understand you. My ex-boyfriend was the same. That's why he is my EX-boyfriend.

CONCLUSION

What a ride, huh? One hundred and five conversations in German, written for your learning and improvement of your grasp of the language! We hope that they've served to help give you a better understanding of conversational German and to provide you with a massive amount of learning material that most professors *won't* be providing you anytime soon!

We have one last round of tips for you, reader, now that you're done with the book and may suddenly be wondering what comes next:

1. **Study!** Nobody learns a new language overnight, and just skimming through this book once won't be enough for you to acquire the tools you've looked for. Re-read it, understand it and finally dominate it, and only then will you be truly learning.
2. **Rehearse!** Find a partner and rehearse or recreate the conversations that you see here. It'll work for your pronunciation and shake that shyness you may have!
3. **Create!** Take these conversations and make your own for other situations! There's always something you can produce on your own, and it'll help you improve your grasp of the tongue!
4. **Don't give up!** Giving up is for losers. Keep working and make your effort worth it. Results will come, trust us!

So there we have it, readers, we've finally reached the end. We hope you enjoyed the book and continue to come back for more. We're certainly working hard to produce more books for you to improve your German.

Keep an eye out for more books like this one; we're not done teaching you German! Head over to www.LingoMastery.com and read our free articles, sign up for our newsletter and check out our Youtube channel. We give away so much free stuff that will accelerate your German learning and you don't want to miss that!

If you liked the book, we would really appreciate a little review wherever you bought it.

Good luck and don't quit! Success is always just a few steps away! Thanks for reading!

MORE FROM LINGO MASTERY

Have you been trying to learn German and simply can't find the way to expand your vocabulary?

Do your teachers recommend you boring textbooks and complicated stories that you don't really understand?

Are you looking for a way to learn the language quicker without taking shortcuts?

If you answered "Yes!" to at least one of those previous questions, then this book is for you! We've compiled the **2000 Most Common Words in German**, a list of terms that will expand your vocabulary to levels previously unseen.

Did you know that — according to an important study — learning the top two thousand (2000) most frequently used words will enable you to understand up to **84%** of all non-fiction and **86.1%** of fiction literature and **92.7%** of oral speech? Those are amazing stats, and this book will take you even further than those numbers!

In this book:
- A detailed introduction with tips and tricks on how to improve your learning

- A list of 2000 of the most common words in German and their translations
- An example sentence for each word – in both German and English
- Finally, a conclusion to make sure you've learned and supply you with a final list of tips

Don't look any further, we've got what you need right here!

In fact, we're ready to turn you into a German speaker... are you ready to get involved in becoming one?

Do you know what the hardest thing for a German learner is?

Finding PROPER reading material that they can handle...which is precisely the reason we've written this book!

Teachers love giving out tough, expert-level literature to their students, books that present many new problems to the reader and force them to search for words in a dictionary every five minutes — it's not entertaining, useful or motivating for the student at all, and many soon give up on learning at all!

In this book we have compiled 20 easy-to-read, compelling and fun stories that will allow you to expand your vocabulary and give you the tools to improve your grasp of the wonderful German tongue.

How German Short Stories for Beginners works:

- Each story is interesting and entertaining with realistic dialogues and day-to-day situations.
- The summaries follow a synopsis in German and in English of what you just read, both to review the lesson and for you to see if you understood what the tale was about.
- At the end of those summaries, you'll be provided with a list of the most relevant vocabulary involved in the lesson, as well as slang and sayings that you may not have understood at first glance!

- Finally, you'll be provided with a set of tricky questions in German, providing you with the chance to prove that you learned something in the story. Don't worry if you don't know the answer to any — we will provide them immediately after, but no cheating!

We want you to feel comfortable while learning the tongue; after all, no language should be a barrier for you to travel around the world and expand your social circles!

So look no further! Pick up your copy of German Short Stories for Beginners and start learning German right now!

This book has been written by a native German author and is recommended for A2+ level learners.

Printed in Great Britain
by Amazon